VINICIUS DE MORAES

FORMA
E
EXEGESE

1935
IRMÃOS PONGETTI
Rio

1 Na página anterior, capa da primeira edição de *Forma e exegese* (Rio de Janeiro: Irmãos Pongetti, 1935).

2 Capa da primeira edição de *Ariana, a mulher* (Rio de Janeiro: Irmãos Pongetti, 1936).

3 Vinicius de Moraes, c. 1935.

ARIANA, a mulher
de VINICIUS DE MORAES

IRMÃOS PONGETTI ~ RIO ~ 1936

Vinicius de Moraes nasceu no bairro carioca da Gávea, em 1913. Três anos depois, mudou-se com a família para Botafogo. Em 1922, seus pais se transferiram para a ilha do Governador, mas Vinicius permaneceu em Botafogo, morando com os avós paternos.

4 Cartão-postal do bairro de Botafogo, em que aparecem a enseada e, ao fundo, o Corcovado (década de 1930).

Bairro d

otafogo

5 Recibo pelo pagamento da impressão do livro
Forma e exegese. Foi o próprio Vinicius que arcou
com as despesas da publicação.

6 Dactiloscrito (primeira página) de uma das versões
do poema "Variações sobre o tema da essência",
um dos mais conhecidos de *Forma e exegese*.

COPIA.
VARIAÇÕES SÔBRE O TEMA DA ESSÊNCIA

I

Foi no instante em que o luar desceu da face do Cristo
      como um velario
E na madrugada atenta ouviu-se um chôro convulsivo de crian-
       ça despertando
Sem que nada se movesse na treva entrou violentamente
      pela janela um grande seio branco
Um grande seio apunhalado de onde escorria um sangue
      roxo e que pulsava como se possuisse
     um coração.
Eu estava estendido, insone, como quem vai morrer - o
      ar pesava sôbre mim como um sudário
E as idéias tinham misteriosamente retornado às coisas e
      boiavam como passaros fóra da
     minha compreensão.
O grande seio veio do espaço, veio do espaço e ficou batendo
      no ar como um corpo de pombo
Veio com o terror que me apertou a garganta para que o
      mundo não pudesse ouvir meu
      grito (o mundo! o mundo! o
      mundo!.....)
Tudo era o instante original mas eu de nada sabia sinão do
       meu horror e da volupia que vi-
       nha crescendo em minhas pennas
E que brotava como um lirio impuro e ficava palpitando
      dentro do ar.
Era o cáos da poesia - eu vivia ali como a pedra despenha-
      da no espaço perfeito
Mas no olhar que eu tombava dentro de mim, ó eu sei que
      havia um grande seio de alabastro
     pingando sangue e leite

7 O mar, as praias e os pescadores são constantes na obra de Vinicius. O poema "Ilha do Governador" nasceu de suas experiências no bairro carioca onde passava férias durante grande parte de sua juventude.

ILHA DO GOVERNADOR

Este ruido dentro do mar invisivel são barcos passando
Este ei-ou que ficou nos meus ouvidos são dos pescadores es-
                                                    quecidos.
Eles veem remando sob o peso de grandes magoas
Veem de longe e murmurando desaparecem no escuro quieto.
De onde chega essa voz que canta a juventude calma
De onde sai esse som de piano antigo sonhando a "Berceuse"
Porque vieram as grandes carroças entornando cal no barro molha-
                                                         do ?...

xxx

Os olhos de Susana eram doces mas Elli tinha seios bonitos
Eu sofria junto de Susana - ela era a contemplação das tardes
                                                    longas
Elli era o beijo ardente sobre a areia humida...

Eu me admirava horas e horas no espelho.

Um dia eu mandei : - " Susana, esquece-me, não sou digno de ti
                                          - sempre teu ... "
Depois, eu e Elli fomos andando — ela tremia no meu braço
Eu tremia no braço dela , os seios dela tremiam
A noite tremia no ei-ou dos pescadores...

xxx

A Musica das Almas

Na manhã infinita as nuvens surjiram
      como a loucura num espirito
E o vento como o instinto desceu os bra-
-ços das arvores que estrangulavam a terra.
Sobre os montes fugindo o ceu passando
      estridulava raios
Que se chocavam repelindo fofo e acen-
      dendo relampagos brancos
Depois o trovão, virando, rolando, batendo
      no chão.
E o ciclone voltava, zunindo, crescendo,
descendo as encostas, vergando os arbustos
Raspando os pinheiros que erguiam
      clamores de pares feridos.
De repente, no ar asfixiado, mãos invi-
-siveis romperam espaços agoniados
Cristais agudos bateram em rochas
distantes, gotas pingaram longas como lagrimas
O ultimo trovão gemeu como um pranto
de igreja, o ultimo relampago tremeu como um
      clarão de cirio

o se
acab

Escritores marcantes na formação do jovem poeta Vinicius de Moraes, nomeados nas várias epígrafes dos poemas de *Forma e exegese*: Rimbaud (1), Goethe (2), Léon Bloy (3), Baudelaire (4), Mallarmé (5), Rilke (6), J. Rivière (7), Paul Claudel (8) e André Gide (9).

Ariana, a mulher

Quando, aquela noite, na sala deserta daquela casa cheia
                              da montanha em torno
O tempo convergiu para a morte e houve uma cessação
                       estranha seguida de um debruçar do ins-
                            tante para o outro instante
Ante o meu olhar absorto o relogio avançou e foi como si eu
                     tivesse me identificado a ele e estivesse
                       batendo eternamente a meia-noite
E na ordem de horror que o silencio fazia pulsar como um co-
                  ração dentro do ar despojado
Eu senti que a Natureza tinha entrado invisivelmente
                  atraves as paredes e se plantara aos meus
                  olhos em toda a sua fixidez noturna
E que eu estava no meio dela e á minha volta havia
                 arvores dormindo e flores desacordadas
                             pela treva.

———

Como que a solidão traz a presença invisivel de um cadaver
                  e para mim era como si a Natureza
                        estivesse morta
Eu aspirava a sua respiração acida e pressentia a sua defla-
                  tição monstruosa mas para mim era como
                       si ela estivesse morta
Paralizada e fria, imensamente erguida em sua sombra
                  imovel para o ceu alto e sem lua
E nenhum grito, nenhum sussurro de agua nos rios cor-
             rendo, nenhum éco nas quebradas ermas
Nenhum desespero nas lianas pendidas, nenhuma fome no
             muco aflorado das plantas carniveras
Nenhuma voz, nenhum apelo da terra, nenhuma tenta-
             tação de folhas, nada.

9 Manuscrito e dactiloscrito (primeira página) do longo poema "Ariana, a mulher", que teve muitas versões até sua publicação, em 1936.

ARIANA, a mulher

Quando, aquela noite, na sala deserta daquela casa cheia da montanha em tôrno
O tempo convergia para a morte e houve uma cessação estranha seguida de um debruçar do instante para o outro instante
Ante o meu olhar absorto o relógio avançou e foi como se tivesse me identificado a êle e estivesse batendo soturnamente a Meia-Noite
E na ordem de horror que o silêncio fazia pulsar como um coração dentro do ar despojado
Eu senti que a Natureza tinha entrado invisìvelmente através das paredes e se plantára aos meus olhos em tôda a sua fixidez noturna
E que eu estava no meio dela e à minha volta havia árvores dormindo e flôres desacordadas pela treva.

Como que a solidão traz a presença invisível de um cadáver — e para mim era como se a Natureza estivesse morta
Eu aspirava a sua respiração ácida e pressentia a sua deglutição monstruosa mas para mim era como se ela estivesse morta
Paralisada e fria, imensamente erguida em sua sombra imóvel para o céu alto e sem lua
E nenhum grito, nenhum sussurro de água nos rios correndo, nenhum éco nas quebradas êrmas

FORMA E EXEGESE
E
ARIANA, A MULHER

FORMA E EXEGESE
1935

E

ARIANA, A MULHER
1936

VINICIUS DE MORAES

COLEÇÃO
VINICIUS DE MORAES
COORDENAÇÃO
EDITORIAL
EUCANAÃ FERRAZ

Companhia Das Letras

Copyright © 2011 by V. M. Empreendimentos Artísticos e Culturais Ltda.

Grafia atualizada segundo o Acordo Ortográfico da Língua Portuguesa de 1990, que entrou em vigor no Brasil em 2009.

Capa e projeto gráfico
warrakloureiro
Imagens de capa
Homens © Herbert List/ Magnum Photos/ LatinStock. Alemanha, 1933
Manequim de costura © Herbert List/ Magnum Photos/ LatinStock, Londres, Inglaterra, 1936
Pesquisa
Eucanaã Ferraz
Daniel Gil
Preparação
Márcia Copola
Revisão
Jane Pessoa
Huendel Viana

Dados Internacionais de Catalogação na Publicação (CIP)
(Câmara Brasileira do Livro, SP, Brasil)

Moraes, Vinicius de, 1913-1980.
Forma e exegese e Ariana, a mulher / Vinicius de Moraes. — São Paulo: Companhia das Letras, 2011.

ISBN 978-85-359-1890-8

1. Poesia brasileira I. Título. II. Título: Ariana, a mulher.

11-06160   CDD-869.91

Índice para catálogo sistemático:
1. Poesia: Literatura brasileira 869.91

[2011]
Todos os direitos desta edição reservados à
EDITORA SCHWARCZ LTDA.
Rua Bandeira Paulista, 702, cj. 32
04532-002 — São Paulo — SP
Telefone: [11] 3707 3500
Fax: [11] 3707 3501
www.companhiadasletras.com.br
www.blogdacompanhia.com.br

SUMÁRIO

FORMA E EXEGESE 9

I
O olhar para trás 17
Sursum 21
Ilha do Governador 23
O prisioneiro 25
O bom ladrão 26
Ausência 28

II
O Incriado 31
A volta da mulher morena 38
A queda 39
O cadafalso 40
A mulher na noite 42
Agonia 43

III
A Legião dos Úrias 47
A última parábola 51
Alba 53
Uma mulher no meio do mar 55
O escravo 56
O outro 59
A música das almas 62

IV
O bergantim da aurora 65
A impossível partida 70
Três respostas em face de Deus 72
Variações sobre o tema da essência 74
A lenda da maldição 80

V
Os malditos 83
O nascimento do homem 87
A criação na poesia 92

ARIANA, A MULHER
Ariana, a mulher 97

posfácio
Uma poesia subjuntiva,
por Noemi Jaffe 109

arquivo
A transfiguração da montanha,
por Otávio de Faria 117

Duas constantes de *Forma e exegese*,
por Thiers Martins Moreira 126

cronologia 135

créditos das imagens 143

FORMA E EXEGESE

Je ne vois clair qu'au contact de la vie.
J. Rivière

A Jean-Arthur Rimbaud
e
Jacques Rivière
em Deus
— o meu imenso reconhecimento

I

Souffrir passe, avoir souffert ne passe jamais.
Léon Bloy

O OLHAR PARA TRÁS

Nem surgisse um olhar de piedade ou de amor
Nem houvesse uma branca mão que apaziguasse minha
[fronte palpitante...
Eu estaria sempre como um círio queimando para o céu
[a minha fatalidade
Sobre o cadáver ainda morno desse passado adolescente.

Talvez no espaço perfeito aparecesse a visão nua
Ou talvez a porta do oratório se fosse abrindo misteriosamente...
Eu estaria esquecido, tateando suavemente a face do filho morto
Partido de dor, chorando sobre o seu corpo insepultável.

Talvez da carne do homem prostrado se visse sair uma sombra
[igual à minha
Que amasse as andorinhas, os seios virgens, os perfumes
[e os lírios da terra
Talvez... mas todas as visões estariam também em minhas
[lágrimas boiando
E elas seriam como óleo santo e como pétalas se derramando
[sobre o nada.

Alguém gritaria longe: — "Quantas rosas nos deu a primavera!..."
Eu olharia vagamente o jardim cheio de sol e de cores noivas
[se enlaçando
Talvez mesmo meu olhar seguisse da flor o voo rápido de um
[pássaro
Mas sob meus dedos vivos estaria a sua boca fria e os seus
[cabelos luminosos.

Rumores chegariam a mim, distintos como passos
                            [na madrugada
Uma voz cantou, foi a irmã, foi a irmã vestida de branco!
                 [— a sua voz é fresca como o orvalho...
Beijam-me a face — irmã vestida de azul, por que estás triste?
Deu-te a vida a velar um passado também?

Voltaria o silêncio — seria uma quietude de nave em
                            [Senhor Morto
Numa onda de dor eu tomaria a pobre face em minhas mãos
                                  [angustiadas
Auscultaria o sopro, diria à toa — Escuta, acorda
Por que me deixaste assim sem me dizeres quem eu sou?

E o olhar estaria ansioso esperando
E a cabeça ao sabor da mágoa balançando
E o coração fugindo e o coração voltando
E os minutos passando e os minutos passando...

No entanto, dentro do sol a minha sombra se projeta
Sobre as casas avança o seu vago perfil tristonho
Anda, dilui-se, dobra-se nos degraus das altas escadas
                              [silenciosas
E morre quando o prazer pede a treva para a consumação
                                    [da sua miséria.

É que ela vai sofrer o instante que me falta
Esse instante de amor, de sonho, de esquecimento
E quando chega, a horas mortas, deixa em meu ser uma
                    [braçada de lembranças
Que eu desfolho saudoso sobre o corpo embalsamado
                    [do eterno ausente.

Nem surgisse em minhas mãos a rósea ferida
Nem porejasse em minha pele o sangue da agonia...
Eu diria — Senhor, por que me escolheste a mim que sou
                    [escravo
Por que me chagaste a mim cheio de chagas?

Nem do meu vazio te criasses, anjo que eu sonhei de
                    [brancos seios
De branco ventre e de brancas pernas acordadas
Nem vibrasses no espaço em que te moldei perfeita...
Eu te diria — Por que vieste te dar ao já vendido?

Oh, estranho húmus deste ser inerme e que eu sinto latente
Escorre sobre mim como o luar nas fontes pobres
Embriaga o meu peito do teu bafo que é como o sândalo
Enche o meu espírito do teu sangue que é a própria vida!

Fora, um riso de criança — longínqua infância da hóstia
                    [consagrada
Aqui estou ardendo a minha eternidade junto ao teu corpo
                    [frágil!
Eu sei que a morte abrirá no meu deserto fontes maravilhosas
E vozes que eu não sabia em mim lutarão contra a Voz.

Agora porém estou vivendo da tua chama como a cera
O infinito nada poderá contra mim porque de mim quer tudo
Ele ama no teu sereno cadáver o terrível cadáver que eu seria
O belo cadáver nu cheio de cicatriz e de úlceras.

Quem chamou por mim, tu, mãe? Teu filho sonha...
Lembras-te, mãe, a juventude, a grande praia enluarada...
Pensaste em mim, mãe? Oh, tudo é tão triste
A casa, o jardim, o teu olhar, o meu olhar, o olhar de Deus...

E sob a minha mão tenho a impressão da boca fria murmurando
Sinto-me cego e olho o céu e leio nos dedos a mágica lembrança
Passastes, estrelas... Voltais de novo arrastando brancos véus
Passastes, luas... Voltais de novo arrastando negros véus...

SURSUM

Eu avanço no espaço as mãos crispadas, essas mãos juntas
    [— lembras-te? — que o destino das coisas separou
E sinto vir se desenrolando no ar o grande manto luminoso
    [onde os anjos entoam madrugadas...
A névoa é como o incenso que desce e se desmancha
    [em brancas visões que vão subindo...
— Vão subindo as colunas do céu... (cisnes em multidão!)
    [como os olhares serenos estão longe!...
Oh, vitrais iluminados que vindes crescendo nas brumas da
    [aurora, o sangue escorre do coração dos vossos santos
Oh, Mãe das Sete Espadas... Os anjos passeiam com pés
    [de lã sobre as teclas dos velhos harmônios...
Oh, extensão escura de fiéis! Cabeças que vos curvais
    [ao peso tão leve da gaze eucarística
Ouvis? Há sobre nós um brando tatalar de asas enormes
O sopro de uma presença invade a grande floresta
    [de mármore em ascensão.
Sentis? Há um olhar de luz passando em meus cabelos,
    [*agnus dei*...
Oh, repousar a face, dormir a carne misteriosa dentro
    [do perfume do incenso em ondas!

No branco lajedo os passos caminham, os anjos farfalham
                                [as vestes de seda
Homens, derramai-vos como a semente pelo chão!
                 [O triste é o que não pode ter amor...
Do órgão como uma colmeia os sons são abelhas eternas
                 [fugindo, zumbindo, parando no ar
Homens, crescei da terra como as sementes e cantai velhas
                           [canções lembradas...
Vejo chegar a procissão de arcanjos — seus olhos fixam
      [a cruz da consagração que se iluminou no espaço
Cantam seus olhos azuis, *tantum ergo!* — de suas cabeleiras
       [louras brota o incêndio impalpável da destinação
Queimam... alongam em êxtase os corpos de cera,
      [e crepitando serenamente a cabeça em chamas
Voam — sobre o mistério voam os círios alados cruzando o ar
                               [um frêmito de fogo!...
Oh, foi outrora, quando nascia o sol — Tudo volta, eu dizia —
        [e olhava o céu onde eu não via Deus suspenso
           [sobre o caos como o impossível equilíbrio
Balançando o imenso turíbulo do tempo sobre a inexistência
                            [da humana serenidade.

ILHA DO GOVERNADOR

Esse ruído dentro do mar invisível são barcos passando
Esse *ei-ou* que ficou nos meus ouvidos são os pescadores
[esquecidos
Eles vêm remando sob o peso de grandes mágoas
Vêm de longe e murmurando desaparecem no escuro quieto.
De onde chega essa voz que canta a juventude calma?
De onde sai esse som de piano antigo sonhando a *Berceuse*?
Por que vieram as grandes carroças entornando cal no barro
[molhado?

Os olhos de Susana eram doces mas Eli tinha seios bonitos
Eu sofria junto de Susana — ela era a contemplação
[das tardes longas
Eli era o beijo ardente sobre a areia úmida.
Eu me admirava horas e horas no espelho.

Um dia mandei: "Susana, esquece-me, não sou digno de ti —
[sempre teu…"
Depois, eu e Eli fomos andando… — ela tremia no meu braço
Eu tremia no braço dela, os seios dela tremiam
A noite tremia nos *ei-ou* dos pescadores…

Meus amigos se chamavam Mário e Quincas, eram humildes,
[não sabiam
Com eles aprendi a rachar lenha e ir buscar conchas sonoras
[no mar fundo
Comigo eles aprenderam a conquistar as jovens praianas
[tímidas e risonhas.
Eu mostrava meus sonetos aos meus amigos — eles mostravam
[os grandes olhos abertos
E gratos me traziam mangas maduras roubadas nos caminhos.

Um dia eu li Alexandre Dumas e esqueci os meus amigos.
Depois recebi um saco de mangas
Toda a afeição da ausência...

Como não lembrar essas noites cheias de mar batendo?
Como não lembrar Susana e Eli?
Como esquecer os amigos pobres?
Eles são essa memória que é sempre sofrimento
Vêm da noite inquieta que agora me cobre.
São o olhar de Clara e o beijo de Carmem
São os novos amigos, os que roubaram luz e me trouxeram.
Como esquecer isso que foi a primeira angústia
Se o murmúrio do mar está sempre nos meus ouvidos
Se o barco que eu não via é a vida passando
Se o *ei-ou* dos pescadores é o gemido de angústia de todas
[as noites?

O PRISIONEIRO

Eu cerrei brandamente a janela sobre a noite quieta
E fiquei sozinho e parado, longe de tudo.
Nenhuma percepção — talvez uma leve sensação de frio
                                        [no vento
E uma vaga visão de objetos boiando no vácuo dos olhos.
Nenhum movimento — distâncias infinitas em todas as coisas
No lençol branco que era outrora o grande esquecimento
No poeta que ontem era o refúgio e a lágrima
E no misericordioso olhar de luz que sempre fora o supremo
                                          [apelo.
Nenhum caminho — nem a possibilidade de um gesto
                                        [desalentado
Na angústia de não ferir o desespero do espaço imóvel.

Passariam as horas e nas horas o auge de cada instante
                                        [de sofrimento
Passariam as horas até a hora de voltar para o amor das almas
E seguir com elas até a próxima noite.
Nenhum movimento — é preciso não despertar o sono
                                        [dos que velam em espírito
É preciso esquecer que há poesia a ser colhida nas longas
                                            [estradas.
Nenhum pensamento — a mobilidade será o horror de todas
                                            [as noites
É preciso ser feliz na imobilidade.

O BOM LADRÃO

São horas, inclina o teu doloroso rosto sobre a visão da velha
[paisagem quieta
Passeia o teu mais fundo olhar sobre os brancos horizontes
[onde há imagens perdidas
Afaga num derradeiro gesto os cabelos de tuas irmãs chorando
Beija uma vez mais a fronte materna.
São horas! Grava na última lágrima toda a desolação vivida
Liberta das cavas escuras, ó grande bandido, a tua alma,
[trágica esposa
E vai — é longe, é muito longe! — talvez toda uma vida,
[talvez nunca...
Foi outrora... Dizem que primeiro ele andou de mão
[em mão e muito poucos o quiseram
E que por ele foi transformada a face da vida e que de medo
[o enterraram
E que desde então ninguém se atreve a penetrar a terra bendita.
É a suprema aventura — vai! ele está lá... — é tão maior que
[Monte-Cristo!
Está lá voltado paradamente para as estrelas claras
Aberto para a pouca fé dos teus olhos
Palpável para a insaciedade dos teus dedos.
Está lá, o grande tesouro, num campo silencioso como os teus
[passos
Sob uma laje bruta como a tua inteligência
Numa cova negra como o teu destino humano.
No entanto ele é luz e beleza e glória
E se tu o tocares, a manhã se fará em todos os abismos
Rompe a terra com as mesmas mãos com que rompeste a carne
Penetra a profundidade da morte, ó tu que jogas a cada
[instante com a tua vida

E se ainda assim te cegar a dúvida, toca-o, mergulha nele
                                                    [o rosto sangrento
Porque ele é teu nesse momento, tu poderás levá-lo para
                                                                     [sempre
Poderás viver dele e só dele porque tu és dele na eternidade.
Porém será muito ouro para as tuas arcas...
Será, deixa que eu te diga, muito ouro para as tuas arcas...
Olha! a teus pés Jerusalém se estende e dorme o sono
                                                  [dos pecadores
Além as terras se misturam como lésbicas esquecidas
Mais longe ainda, no teu país, as tuas desoladas te pranteiam
Volta. Traze o bastante para a consolação dos teus aflitos
Tua alegria será maior porque há ulcerados nos caminhos
Há mulheres perdidas chorando nas portas
Há judeus a espoliar pelas tavernas
Volta... Há tanto ouro no campo-santo
Que tua avareza seria vã para contê-lo
Volta... Ensina à humanidade a roubar o arrependimento
Porque todo o arrependimento será pouco para a culpa de ter
                                                               [roubado...

Porém tu serás o bom ladrão, tu estarás nas chagas do peito...

AUSÊNCIA

Eu deixarei que morra em mim o desejo de amar os teus olhos
                                                        [que são doces
Porque nada te poderei dar senão a mágoa de me veres
                                                      [eternamente exausto.
No entanto a tua presença é qualquer coisa como a luz
                                                            [e a vida
E eu sinto que em meu gesto existe o teu gesto e em minha voz
                                                                [a tua voz.
Não te quero ter porque em meu ser tudo estaria terminado
Quero só que surjas em mim como a fé nos desesperados
Para que eu possa levar uma gota de orvalho nesta terra
                                                                 [amaldiçoada
Que ficou sobre a minha carne como uma nódoa do passado.
Eu deixarei... tu irás e encostarás a tua face em outra face
Teus dedos enlaçarão outros dedos e tu desabrocharás para
                                                              [a madrugada
Mas tu não saberás que quem te colheu fui eu, porque eu fui
                                                    [o grande íntimo da noite
Porque eu encostei minha face na face da noite e ouvi a tua
                                                        [fala amorosa
Porque meus dedos enlaçaram os dedos da névoa suspensos
                                                             [no espaço
E eu trouxe até mim a misteriosa essência do teu abandono
                                                        [desordenado.
Eu ficarei só como os veleiros nos portos silenciosos
Mas eu te possuirei mais que ninguém porque poderei partir
E todas as lamentações do mar, do vento, do céu, das aves,
                                                               [das estrelas
Serão a tua voz presente, a tua voz ausente, a tua voz
                                                                   [serenizada.

II

Deus existe, eu é que não existo.
Mário Vieira de Mello

— *Le Ciel est mort.* — *Vers toi, j'accours! donne, ô matière.*
Mallarmé

O INCRIADO

Distantes estão os caminhos que vão para o Tempo —
                [outro luar eu vi passar na altura
Nas plagas verdes as mesmas lamentações escuto como vindas
                [da eterna espera
O vento ríspido agita sombras de araucárias em corpos nus
                [unidos se amando
E no meu ser todas as agitações se anulam como as vozes
                [dos campos moribundos.

Oh, de que serve ao amante o amor que não germinará
                [na terra infecunda
De que serve ao poeta desabrochar sobre o pântano e cantar
                [prisioneiro?
Nada há a fazer pois que estão brotando crianças trágicas
                [como cactos
Da semente má que a carne enlouquecida deixou nas matas
                [silenciosas.

Nem plácidas visões restam aos olhos — só o passado surge
                [se a dor surge
E o passado é como o último morto que é preciso esquecer
                [para ter vida
Todas as meias-noites soam e o leito está deserto do corpo
                [estendido
Nas ruas noturnas a alma passeia, desolada e só em busca
                [de Deus.

Eu sou como o velho barco que guarda no seu bojo o eterno
                                      [ruído do mar batendo
No entanto como está longe o mar e como é dura a terra
                                      [sob mim...
Felizes são os pássaros que chegam mais cedo que eu
                                      [à suprema fraqueza
E que, voando, caem, pequenos e abençoados, nos parques
                                      [onde a primavera é eterna.

Na memória cruel vinte anos seguem a vinte anos na única
                                      [paisagem humana
Longe do homem os desertos continuam impassíveis diante
                                      [da morte
Os trigais caminham para o lavrador e o suor para a terra
E dos velhos frutos caídos surgem árvores estranhamente
                                      [calmas.

Ai, muito andei e em vão... rios enganosos conduziram
                                      [meu corpo a todas as idades
Na terra primeira ninguém conhecia o Senhor das
                                      [bem-aventuranças...
Quando meu corpo precisou repousar eu repousei, quando
                                      [minha boca ficou sedenta eu bebi
Quando meu ser pediu a carne eu dei-lhe a carne mas eu
                                      [me senti mendigo.

Longe está o espaço onde existem os grandes voos e onde
[a música vibra solta
A cidade deserta é o espaço onde o poeta sonha os grandes
[voos solitários
Mas quando o desespero vem e o poeta se sente morto para
[a noite
As entranhas das mulheres afogam o poeta e o entregam
[dormindo à madrugada.

Terrível é a dor que lança o poeta prisioneiro à suprema
[miséria
Terrível é o sono atormentado do homem que suou
[sacrilegamente a carne
Mas boa é a companheira errante que traz o esquecimento
[de um minuto
Boa é a esquecida que dá o lábio morto ao beijo desesperado.

Onde os cantos longínquos do oceano?... Sobre a espessura
[verde eu me debruço e busco o infinito
Ao léu das ondas há cabeleiras abertas como flores —
[são jovens que o eterno amor surpreendeu
Nos bosques procuro a seiva úmida mas os troncos estão
[morrendo
No chão vejo magros corpos enlaçados de onde a poesia fugiu
[como o perfume da flor morta.

Muito forte sou para odiar nada senão a vida
Muito fraco sou para amar nada mais do que a vida
A gratuidade está no meu coração e a nostalgia dos dias me
[aniquila
Porque eu nada serei como ódio e como amor se eu nada
[conto e nada valho.

Eu sou o Incriado de Deus, o que não teve a sua alma
[e semelhança
Eu sou o que surgiu da terra e a quem não coube outra dor
[senão a terra
Eu sou a carne louca que freme ante a adolescência
[impúbere e explode sobre a imagem criada
Eu sou o demônio do bem e o destinado do mal mas eu
[nada sou.

De nada vale ao homem a pura compreensão de todas
[as coisas
Se ele tem algemas que o impedem de levantar os braços
[para o alto
De nada valem ao homem os bons sentimentos se ele
[descansa nos sentimentos maus
No teu puríssimo regaço eu nunca estarei, Senhora...

Choram as árvores na espantosa noite, curvadas sobre mim,
[me olhando...
Eu caminhando... Sobre o meu corpo as árvores passando...
Quem morreu se estou vivo, por que choram as árvores?
Dentro de mim tudo está imóvel, mas eu estou vivo, eu sei
[que estou vivo porque sofro.

Se alguém não devia sofrer eu não devia, mas sofro e é tudo
[o mesmo
Eu tenho o desvelo e a bênção, mas sofro como um
[desesperado e nada posso
Sofro a pureza impossível, sofro o amor pequenino dos olhos
[e das mãos
Sofro porque a náusea dos seios gastos está amargurando
[a minha boca.

Não quero a esposa que eu violaria nem o filho que ergueria
[a mão sobre o meu rosto
Nada quero porque eu deixo traços de lágrimas por onde
[passo
Quisera apenas que todos me desprezassem pela minha
[fraqueza
Mas, pelo amor de Deus, não me deixeis nunca sozinho!

Às vezes por um segundo a alma acorda para um grande
                              [êxtase sereno
Num sopro de suspensão a beleza passa e beija a fronte
                              [do homem parado
E então o poeta surge e do seu peito se ouve uma voz
                              [maravilhosa
Que palpita no ar fremente e envolve todos os gritos num
                              [só grito.

Mas depois, quando o poeta foge e o homem volta como
                              [de um sonho
E sente sobre a sua boca um riso que ele desconhece
A cólera penetra em seu coração e ele renega a poesia
Que veio trazer de volta o princípio de todo o caminho
                              [percorrido.

Todos os momentos estão passando e todos os momentos
                              [estão sendo vividos
A essência das rosas invade o peito do homem e ele
                              [se apazigua no perfume
Mas se um pinheiro uiva no vento o coração do homem
                              [cerra-se de inquietude
No entanto ele dormirá ao lado dos pinheiros uivando
                              [e das rosas recendendo.

Eu sou o Incriado de Deus, o que não pode fugir à carne
[e à memória
Eu sou como velho barco longe do mar, cheio de lamentações
[no vazio do bojo
No meu ser todas as agitações se anulam — nada permanece
[para a vida
Só eu permaneço parado dentro do tempo passado, passando,
[passando...

A VOLTA DA MULHER MORENA

Meus amigos, meus irmãos, cegai os olhos da mulher morena
Que os olhos da mulher morena estão me envolvendo
E estão me despertando de noite.
Meus amigos, meus irmãos, cortai os lábios da mulher morena
Eles são maduros e úmidos e inquietos
E sabem tirar a volúpia de todos os frios.
Meus amigos, meus irmãos, e vós que amais a poesia
                                          [da minha alma
Cortai os peitos da mulher morena
Que os peitos da mulher morena sufocam o meu sono
E trazem cores tristes para os meus olhos.
Jovem camponesa que me namoras quando eu passo nas tardes
Traze-me para o contato casto de tuas vestes
Salva-me dos braços da mulher morena
Eles são lassos, ficam estendidos imóveis ao longo de mim
São como raízes recendendo resina fresca
São como dois silêncios que me paralisam.
Aventureira do Rio da Vida, compra o meu corpo da mulher
                                                  [morena
Livra-me do seu ventre como a campina matinal
Livra-me do seu dorso como a água escorrendo fria.
Branca avozinha dos caminhos, reza para ir embora a mulher
                                                  [morena
Reza para murcharem as pernas da mulher morena
Reza para a velhice roer dentro da mulher morena
Que a mulher morena está encurvando os meus ombros
E está trazendo tosse má para o meu peito.
Meus amigos, meus irmãos, e vós todos que guardais ainda
                                                  [meus últimos cantos
Dai morte cruel à mulher morena!

A QUEDA

Tu te abaterás sobre mim querendo domar-me mas eu te
[resistirei
Porque a minha natureza é mais poderosa do que a tua.
Ao meu abraço procurarás condensar-te em força — eu te
[olharei apenas
Mansamente alisarei teu dorso frio e ao meu desejo hás
[de moldar-te
E ao sol te abrirás toda para as núpcias sagradas.
Hás de ser mulher para o homem
E em grandes brados espalharás amor ao céu azul e ao ouro
[das matas.
Eu ficarei de braços erguidos para os teus seios de pedra
E escorrerá como um arrepio pelo teu corpo líquido
[um beijo para os meus olhos
Na poeira de luz que se levantará como incenso em ondas
Descerás teus cabelos cheios para ungir-me os pés.

No instante as libélulas voarão paradas e o canto dos pássaros
[vibrará suspenso
E todas as árvores tomarão forma de corpos em aleluia.
Depois eu partirei como um animal de beleza, pelas
[montanhas
E teu pranto de saudade estará nos meus ouvidos em todas
[as caminhadas.

O CADAFALSO

Eu caí de joelhos diante do amor transtornado do teu rosto
Estavas alta e imóvel — mas teus seios vieram sobre mim
[e me feriram os olhos
E trouxeram sangue ao ar onde a tempestade agonizava.
Subitamente cresci e me multipliquei ao peso de tanta carne
Cresci sentindo que a pureza escorria de mim como a chuva
[dos galhos
E me deixava parado, vazio para a contemplação da tua face.
Longe do mistério do teu amor, curvado, eu fiquei ante
[tuas partes intocadas
Cheio de desejo e inquietação, com uma enorme vontade
[de chorar no teu vestido.
Para desvendar as tuas formas nas minhas lágrimas
Agoniado abracei-te e ocultei o meu sopro quente no teu ventre
E logo te senti como um cepo e em torno a mim eram
[monges brancos em ofício de mortos
E também — quem chorou? — vozes como lamentações
[se repetindo.
No horror da treva cravou-se em meus olhos uma estranha
[máscara de dois gumes
E sobre o meu peito e sobre os meus braços, tenazes de fogo,
[e sob os meus pés piras ardendo.
Oh, tudo era martírio dentro daquelas vozes soluçando
Tudo era dor e escura angústia dentro da noite despertada!
"Me salvem — gritei — me salvem que não sou eu!" —
[e as ladainhas repetia — me salvem que não sou eu!
E veio então uma mulher como uma visão sangrenta de revolta
Que com mão de gigante colheu o que de sexo havia em mim
[e o espremeu amargamente
E que separou a minha cabeça violentamente do meu corpo.

Nesse momento eu tive de partir e todos fugiam aterrados
Porque misteriosamente meu corpo transportava minha
[cabeça para o inferno...

A MULHER NA NOITE

Eu fiquei imóvel e no escuro tu vieste.
A chuva batia nas vidraças e escorria nas calhas — vinhas
[andando e eu não te via
Contudo a volúpia entrou em mim e ulcerou a treva nos
[meus olhos.
Eu estava imóvel — tu caminhavas para mim como um
[pinheiro erguido
E de repente, não sei, me vi acorrentado no descampado,
[no meio de insetos
E as formigas me passeavam pelo corpo úmido.
Do teu corpo balouçante saíam cobras que se eriçavam
[sobre o meu peito
E muito ao longe me parecia ouvir uivos de lobas.
E então a aragem começou a descer e me arrepiou os nervos
E os insetos se ocultavam nos meus ouvidos e zunzunavam
[sobre os meus lábios.
Eu queria me levantar porque grandes reses me lambiam
[o rosto
E cabras cheirando forte urinavam sobre as minhas pernas.
Uma angústia de morte começou a se apossar do meu ser
As formigas iam e vinham, os insetos procriavam e zumbiam
[do meu desespero
E eu comecei a sufocar sob a rês que me lambia.
Nesse momento as cobras apertaram o meu pescoço
E a chuva despejou sobre mim torrentes amargas.

Eu me levantei e comecei a chegar, me parecia vir de longe
E não havia mais vida na minha frente.

AGONIA

No teu grande corpo branco depois eu fiquei.
Tinha os olhos lívidos e tive medo.
Já não havia sombra em ti — eras como um grande deserto
[de areia
Onde eu houvesse tombado após uma longa caminhada
[sem noites.
Na minha angústia eu buscava a paisagem calma
Que me havias dado há tanto tempo
Mas tudo era estéril e monstruoso e sem vida
E teus seios eram dunas desfeitas pelo vendaval que passara.
Eu estremecia agonizando e procurava me erguer
Mas teu ventre era como areia movediça para os meus dedos.
Procurei ficar imóvel e orar, mas fui me afogando em ti mesma
Desaparecendo no teu ser disperso que se contraía como
[a voragem.

Depois foi o sono, o escuro, a morte.

Quando despertei era claro e eu tinha brotado novamente
Vinha cheio do pavor das tuas entranhas.

Todo o efêmero não é senão símbolo.
Goethe

... j'ai vu quelquefois ce que l'homme a cru voir.
Rimbaud

A LEGIÃO DOS ÚRIAS

Quando a meia-noite surge nas estradas vertiginosas das
 [montanhas
Uns após outros, beirando os grotões enluarados sobre
 [cavalos lívidos
Passam olhos brilhantes de rostos invisíveis na noite
Que fixam o vento gelado sem estremecimento.

São os prisioneiros da Lua. Às vezes, se a tempestade
Apaga no céu a languidez imóvel da grande princesa
Dizem os camponeses ouvir os uivos tétricos e distantes
Dos Cavaleiros Úrias que pingam sangue das partes
 [amaldiçoadas.

São os escravos da Lua. Vieram também de ventres brancos
 [e puros
Tiveram também olhos azuis e cachos louros sobre a fronte...
Mas um dia a grande princesa os fez enlouquecidos, e eles
 [foram escurecendo
Em muitos ventres que eram também brancos mas que eram
 [impuros.

E desde então nas noites claras eles aparecem
Sobre cavalos lívidos que conhecem todos os caminhos
E vão pelas fazendas arrancando o sexo das meninas e das
 [mães sozinhas
E das éguas e das vacas que dormem afastadas dos machos
 [fortes.

Aos olhos das velhas paralíticas murchadas que esperam
                                       [a morte noturna
Eles descobrem solenemente as netas e as filhas
                                  [deliquescentes
E com garras fortes arrancam do último pano os nervos
                                     [flácidos e abertos
Que em suas unhas agudas vivem ainda longas palpitações
                                            [de sangue.

Depois amontoam a presa sangrenta sob a luz pálida da deusa
E acendem fogueiras brancas de onde se erguem chamas
                                  [desconhecidas e fumos
Que vão ferir as narinas trêmulas dos adolescentes
                                  [adormecidos
Que acordam inquietos nas cidades sentindo náuseas
                                  [e convulsões mornas.

E então, após colherem as vibrações de leitos fremindo
                                        [distantes
E os rinchos de animais seminando no solo endurecido
Eles erguem cantos à grande princesa crispada no alto
E voltam silenciosos para as regiões selvagens onde vagam.

Volta a Legião dos Úrias pelos caminhos enluarados
Uns após outros, somente os olhos, negros sobre cavalos
                                              [lívidos
Deles foge o abutre que conhece todas as carniças
E a hiena que já provou de todos os cadáveres.

São eles que deixam dentro do espaço emocionado
O estranho fluido todo feito de plácidas lembranças
Que traz às donzelas imagens suaves de outras donzelas
E traz aos meninos figuras formosas de outros meninos.

São eles que fazem penetrar nos lares adormecidos
Onde o novilúnio tomba como um olhar desatinado
O incenso perturbador das rubras vísceras queimadas
Que traz à irmã o corpo mais forte da outra irmã.

São eles que abrem os olhos inexperientes e inquietos
Das crianças apenas lançadas no regaço do mundo
Para o sangue misterioso esquecido em panos amontoados
Onde ainda brilha o rubro olhar implacável da grande
[princesa.

Não há anátema para a Legião dos Cavaleiros Úrias
Passa o inevitável onde passam os Cavaleiros Úrias
Por que a fatalidade dos Cavaleiros Úrias?
Por que, por que os Cavaleiros Úrias?

Oh, se a tempestade boiasse eternamente no céu trágico
Oh, se fossem apagados os raios da louca estéril
Oh, se o sangue pingado do desespero dos Cavaleiros Úrias
Afogasse toda a região amaldiçoada!

Seria talvez belo — seria apenas o sofrimento do amor puro
Seria o pranto correndo dos olhos de todos os jovens
Mas a Legião dos Úrias está espiando a altura imóvel
Fechai as portas, fechai as janelas, fechai-vos, meninas!

Eles virão, uns após outros, os olhos brilhando no escuro
Fixando a lua gelada sem estremecimento
Chegarão os Úrias, beirando os grotões enluarados sobre
[cavalos lívidos
Quando a meia-noite surgir nas estradas vertiginosas das
[montanhas.

A ÚLTIMA PARÁBOLA

No céu um dia eu vi — quando? — era na tarde roxa
As nuvens brancas e ligeiras do levante contarem
               [a história estranha e desconhecida
De um cordeiro de luz que pastava no poente distante
                      [num grande espaço aberto.
A visão clara e imóvel fascinava os meus olhos...
Mas eis que um lobo feroz sobe de trás de uma montanha
                            [longínqua
E avança sobre o animal sagrado que apavorado se adelgaça
                        [em mulher nua
E escraviza o lobo que já agora é um enforcado que balança
                      [lentamente ao vento.
A mulher nua baila para um chefe árabe mas este corta-lhe
                    [a cabeça com uma espada
E atira-a sobre o colo de Jesus entre os pequeninos.
Eu vejo o olhar de piedade sobre a triste oferenda mas nesse
        [momento saem da cabeça chifres que lhe ferem o rosto
E eis que é a cabeça de Satã cujo corpo são os pequeninos
E que ergue um braço apontando a Jesus uma luta de cavalos
                            [enfurecidos
Eu sigo o drama e vejo saírem de todos os lados mulheres
                            [e homens
Que eram como faunos e sereias e outros que eram como
                            [centauros
Se misturarem numa impossível confusão de braços e de
                            [pernas
E se unirem depois num grande gigante descomposto e ébrio
                          [de garras abertas.
O outro braço de Satã se ergue e sustém a queda de uma
                            [criança

Que se despenhou do seio da mãe e que se fragmenta na sua
[mão alçada
Eu olho apavorado a luxúria de todo o céu cheio de corpos
[enlaçados
E que vai desaparecer na noite mais próxima
Mas eis que Jesus abre os braços e se agiganta numa cruz
[que se abaixa lentamente
E que absorve todos os seres imobilizados no frio da noite.
Eu chorei e caminhei para a grande cruz pousada no céu
Mas a escuridão veio e — ai de mim! — a primeira estrela
[fecundou os meus olhos de poesia terrena!...

ALBA

Alba, no canteiro dos lírios estão caídas as pétalas de uma rosa
                                                       [cor de sangue
Que tristeza esta vida, minha amiga...
Lembras-te quando vínhamos na tarde roxa e eles jaziam
                                                       [puros
E houve um grande amor no nosso coração pela morte
                                                       [distante?
Ontem, Alba, sofri porque vi subitamente a nódoa rubra
                                              [entre a carne pálida ferida
Eu vinha passando tão calmo, Alba, tão longe da angústia,
                                                  [tão suavizado
Quando a visão daquela flor gloriosa matando a serenidade
                                              [dos lírios entrou em mim
E eu senti correr em meu corpo palpitações desordenadas
                                                    [de luxúria.
Eu sofri, minha amiga, porque aquela rosa me trouxe
                                  [a lembrança do teu sexo que eu não via
Sob a lívida pureza da tua pele aveludada e calma
Eu sofri porque de repente senti o vento e vi que estava nu
                                                    [e ardente
E porque era teu corpo dormindo que existia diante
                                                    [de meus olhos.
Como poderias me perdoar, minha amiga, se soubesses que
                                  [me aproximei da flor como um perdido
E a tive desfolhada entre minhas mãos nervosas e senti
                       [escorrer de mim o sêmen da minha volúpia?
Ela está lá, Alba, sobre o canteiro dos lírios, desfeita e cor
                                                    [de sangue
Que destino nas coisas, minha amiga!
Lembras-te quando eram só os lírios altos e puros?

Hoje eles continuam misteriosamente vivendo, altos
                                        [e trêmulos
Mas a pureza fugiu dos lírios como o último suspiro dos
                                        [moribundos
Ficaram apenas as pétalas da rosa, vivas e rubras como
                                        [a tua lembrança
Ficou o vento que soprou nas minhas faces e a terra que eu
                                        [segurei nas minhas mãos.

UMA MULHER NO MEIO DO MAR
(SOBRE UM DESENHO ORIGINAL DE ALMIR CASTRO)

Na praia batida de vento a voz entrecortada chama
Dentro da noite amarga a grande lua está contigo e está
        [com ela — pousa o teu rosto sobre a areia!
A tua lágrima de homem ficará correndo sobre o teu corpo
        [dormindo e te levará boiando
E talvez a tua mão inerme encontre a sua mão cheia de frio
Tudo está sozinho e o supremo abandono pousou sobre
        [o corpo nu da que deixaste ir
A onda solitária é o berço do amor e há uma música eterna
        [nas formas invisíveis
Passa o teu braço sobre o que foi o triste destroço de um
        [outro mar bem mais revolto
E sentirás que nunca o pobre corpo foi mais flexuoso
        [ao teu afago nem o olhar mais aberto ao teu desejo.
Afaga os seios que os teus beijos poluíram e que a água
        [amante fez altos e serenos
Mergulha os dedos pela última vez na úmida cabeleira
        [espessa que se vai abrir como as medusas
Porque também a lua vive a vez derradeira a visão escrava
Porque nunca mais também os olhos que estão parados
        [te mostrarão o céu
E as linhas que vês desfeitas já pesam como que para
        [o descanso do fundo que não atingirás.
Não sentes que é preciso que ela vá, vá dar morada às algas
        [que lhe cobrirão amorosamente o corpo
Para fugir de ti que o cobrias apenas com a ardência imutável
        [do teu desejo?

Oh, o amor que abre os braços à piedade!...

O ESCRAVO

J'ai plus de souvenirs que si j'avais mille ans.
Baudelaire

A grande Morte que cada um traz em si.
Rilke

Quando a tarde veio o vento veio e eu segui levado como
                                                     [uma folha
E aos poucos fui desaparecendo na vegetação alta de antigos
                                                 [campos de batalha
Onde tudo era estranho e silencioso como um gemido.
Corri na sombra espessa longas horas e nada encontrava
Em torno de mim tudo era desespero de espadas estorcidas
                                                 [se desvencilhando
Eu abria caminho sufocado mas a massa me confundia
                     [e se apertava impedindo meus passos
E me prendia as mãos e me cegava os olhos apavorados.
Quis lutar pela minha vida e procurei romper a extensão
                                                        [em luta
Mas nesse momento tudo se virou contra mim e eu fui batido
Fui ficando nodoso e áspero e começou a escorrer resina
                                                 [do meu suor
E as folhas se enrolavam no meu corpo para me embalsamar.
Gritei, ergui os braços, mas eu já era outra vida que não
                                                        [a minha
E logo tudo foi hirto e magro em mim e longe uma estranha
                                             [litania me fascinava.
Houve uma grande esperança nos meus olhos sem luz
Quis avançar sobre os tentáculos das raízes que eram meus pés

Mas o vale desceu e eu rolei pelo chão, vendo o céu, vendo
              [o chão, vendo o céu, vendo o chão
Até que me perdi num grande país cheio de sombras altas
                                [se movendo...

Aqui é o misterioso reino dos ciprestes...
Aqui eu estou parado, preso à terra, escravo dos grandes
                                [príncipes loucos.
Aqui vejo coisas que mente humana jamais viu
Aqui sofro frio que corpo humano jamais sentiu.
É este o misterioso reino dos ciprestes
Que aprisionam os cravos lívidos e os lírios pálidos dos túmulos
E quietos se reverenciam gravemente como uma corte
                                [de almas mortas.
Meu ser vê, meus olhos sentem, minha alma escuta
A conversa do meu destino nos gestos lentos dos gigantes
                                [inconscientes
Cuja ira desfolha campos de rosas num sopro trêmulo...
Aqui estou eu pequenino como um musgo mas meu pavor
                                [é grande e não conhece luz
É um pavor que atravessa a distância de toda a minha vida.
É este o feudo da morte implacável...
Vede — reis, príncipes, duques, cortesãos, carrascos do
                                [grande país sem mulheres
São seus míseros servos a terra que me aprisionou nas suas
                                [entranhas
O vento que a seu mando entorna da boca dos lírios
                                [o orvalho que rega o seu solo
A noite que os aproxima no baile macabro das reverências
                                [fantásticas

E os mochos que entoam lúgubres cantochões ao tempo
                              [inacabado...
É aí que estou prisioneiro entre milhões de prisioneiros
Pequeno arbusto esgalhado que não dorme e que não vive
À espera da minha vez que virá sem objeto e sem distância.

É aí que estou acorrentado por mim mesmo à terra que sou
                              [eu mesmo
Pequeno ser imóvel a quem foi dado o desespero
Vendo passar a imensa noite que traz o vento no seu seio
Vendo passar o vento que entorna o orvalho que a aurora
                              [despeja na boca dos lírios
Vendo passar os lírios cujo destino é entornar o orvalho
                              [na poeira da terra que o vento espalha
Vendo passar a poeira da terra que o vento espalha e cujo
                              [destino é o meu, o meu destino
Pequeno arbusto parado, poeira da terra preso à poeira
          [da terra, pobre escravo dos príncipes loucos.

O OUTRO

Às vezes, na hora trêmula em que os espaços desmancham-se
                                                    [em neblina
E a gaze da noite se esgarça suspensa na bruma dormente
Eu sinto sobre o meu ser uma presença estranha que me faz
                                                 [despertar angustiado
E me faz debruçar à janela sondando os véus que se
                                       [emaranham dentre as folhas...
Fico... e muita vez os meus olhos se desprendem
                               [misteriosamente das minhas órbitas
E presos a mim vão penetrando a noite e eu vou me sentindo
                                        [encher da visão que os leva.
Vozes e imagens chegam a mim, mas eu inda sou e por isso
                                                     [não vejo
Vozes enfermas chegam a mim — são como vozes de mães
                                           [e de irmãs chorando
Corpos nus de crianças, seios estrangulados, bocas opressas
                                       [opressas na última angústia
Mulheres passando atônitas, espectros confusos, diluídos
                                       [como as visões lacrimosas.
E de repente eu sou arrancado como um grito e parto
                                             [e penetro em meus olhos
E estou sobre o ponto mais alto, sobre o abismo que desce
                                             [para a aurora que sobe
Onde na hora extrema o rio humano se despeja
                                       [vertiginosamente e de onde surgirá
Lívido e descarnado, quando o pálido sangue do Sol morrendo
                                       [escorrer da face verde das montanhas.

Mas por que estranho desígnio foi diferente a angústia
                            [daquela manhã tristíssima
Por que não vieram até mim as lamentações de todas
                                  [as madrugadas
Por que quando eu caminhei para o sofrimento, foi o meu
[sofrimento que eu vi estendido sobre as coisas como a morte?
Ai de mim! a piedade ferira o meu coração e eu era o mais
                                       [desamparado
O consolo estava nas minhas palavras e eu era o único
                                       [inconsolável
A riqueza estivera nas minhas mãos e eu era pobre como
                                   [os olhos dos cegos...
Na solidão absoluta de mil léguas foi o meu corpo que eu vi
                          [acorrentado ao pântano infinito
Foi a minha boca que eu vi se abrindo ao beijo da água
                                [ulcerada de flores leprosas.
Dormiam sapos sobre a podridão das vitórias moribundas
E vapores úmidos subiam fétidos como as exalações
                                   [dos campos de guerra.
Eu estava só como o homem sem Deus no meio do tempo
           [e sobre minha cabeça pairavam as aves da maldição
E a vastidão desolada era grande demais para os meus
                                [pobres gritos de agonia.
De fora eu vi e senti medo — como que um ávido polvo
                            [me prendia os pés ao fundo da lama
Eu gritei para o miserável que erguesse os braços
                                [e buscasse a música que
[estava no pântano e na pele desfeita das flores intumescidas
Mas ele já nada parecia ouvir — era como o mau ladrão
                                         [crucificado.

Oh, não estivesse ele tão longe de meus pés e eu o calcaria
[como um verme
Não fosse minha náusea e eu o iria matar no seu martírio
Não existisse a minha incompreensão e eu lhe desfaria
[a carne entre meus dedos.
Porque a sua vida está presa à minha e é preciso que eu
[me liberte
Porque ele é o desespero vão que mata a serenidade que quer
[brotar em mim
Porque as suas úlceras doem numa carne que não é a dele.
Mas algum dia quando ele estiver dormindo eu esquecerei
[tudo e afrontarei o pântano.
Mesmo que pereça eu o esmagarei como uma víbora
[e o afogarei na lama podre
E se eu voltar eu sei que as visões passadas não mais povoarão
[os meus olhos distantes
Eu sei que terei forças para comer a terra e ficar escorrendo
[em sangue como as árvores
Parado diante da beleza, agasalhando os príncipes e os monges,
[na contemplação da poesia eterna.

A MÚSICA DAS ALMAS

Le mal est dans le monde comme un esclave qui fait monter l'eau.
Claudel

Na manhã infinita as nuvens surgiram como a loucura
                                       [numa alma
E o vento como o instinto desceu os braços das árvores
                                       [que estrangularam a terra…

Depois veio a claridade, o grande céu, a paz dos campos…
Mas nos caminhos todos choravam com os rostos levados
                                          [para o alto
Porque a vida tinha misteriosamente passado na tormenta.

IV

Mais, vrai, j'ai trop pleuré! Les aubes sont navrantes.
Toute lune est atroce et tout soleil amer.
Rimbaud

O BERGANTIM DA AURORA

Velho, conheces por acaso o bergantim da aurora
Nunca o viste passar quando a saudade noturna te leva para
                [o convés imóvel dos rochedos?
Há muito tempo ele me lançou sobre uma praia deserta,
                           [velho lobo
E todas as albas têm visto meus olhos nos altos promontórios,
                           [esperando.

Sem ele, que poderei fazer, pobre velho? ele existe porque
                         [há homens que fogem
Um dia, porque pensasse em Deus eu me vi limpo de todas
                             [as feridas
E eu dormi — ai de mim! — não dormia há tantas noites! —
                    [dormi e eles me viram calmo
E me deram às ondas que tiveram pena da minha triste
                              [mocidade.

Mas que me vale, santo velho, ver o meu corpo são
                      [e a minha alma doente
Que me vale ver minha pele unida e meu peito alto para
                            [o carinho?
Se eu voltar os olhos, tua filha talvez os ame, que eles são
                         [belos, velho lobo
Antes o bergantim fantasma onde as cordoalhas apodrecem
                         [no sangue das mãos…

Nunca o conhecerás, ó alma de apóstolo, o grande bergantim
                         [da madrugada
Ele não corre os mesmos mares que o teu valente brigue
                         [outrora viu
O mar que perdeste matava a fome de tua mulher
                         [e de teus filhos
O mar que eu perdi era a fome mesma, velho, a eterna
                         [fome...

Nunca o conhecerás. Há em tuas grandes rugas a vaga
                         [doçura dos caminhos pobres
Teus sofrimentos foram a curta ausência, a lágrima
                         [dos adeuses
Quando a distância apagava a visão de duas mulheres
                         [paradas sobre a última rocha
Já a visão espantosa dos gelos brilhava nos teus olhos
                         [— oh, as baleias brancas!...

Mas eu, velho, sofri a grande ausência, o deserto de Deus,
                         [o meu deserto
Como esquecimento tive o gelo desagregado dos seios nus
                         [e dos ventres boiando
Eu, velho lobo, sofri o abandono do amor, tive o exaspero
Ó solidão, deusa dos vencidos, minha deusa...

Nunca o compreenderás. Nunca sentirás porque um dia eu
                                                          [corri para o vento
E desci pela areia e entrei pelo mar e nadei e nadei.
Sonhara…: "Vai. O bergantim é a morte longínqua, é o eterno
                                                  [passeio do pensamento silencioso
É o judeu dos mares cuja alma avara de dor castiga o corpo
                                                                     [errante…"

E fui. Se tu soubesses que a ânsia de chegar é a maior ânsia
Teus olhos, ó alma de crente, se fechariam como as nuvens
Porque eu era a folha morta diante dos elementos loucos
Porque eu era o grão de pó na réstia infinita.

Mas sofrera demais para não ter chegado
E um dia ele surgiu como um pássaro atroz
Vi-lhe a negra carcaça à flor das ondas mansas
E o branco velame inchado de cujos mastaréus pendiam
                                                                  [corpos nus.

Mas o homem que chega é o homem que mais sofre
A memória é a mão de Deus que nos toca de leve e nos faz
                                                           [sondar o caminho atrás
Ai! sofri por deixar tudo o que tinha tido
O lar, a mulher e a esperança de atingir Damasco na minha
                                                                       [fuga…

Cheguei. Era afinal o vazio da perpétua prisão longe
                              [do sofrimento
Era o trabalho forçado que esquece, era o corpo doendo
                              [nas chagas abertas
Era a suprema magreza da pele contendo o esqueleto
                              [fantástico
Era a suprema magreza do ser contendo o espírito fantástico.

Fui. Por toda a parte homens como eu, sombras vazias
Homens arrastando vigas, outros velhos, velhos faquires
                              [insensíveis
As fundas órbitas negras, a ossada encolhida, encorujada
Corpos secos, carne sem dor, morta de há muito.

Por toda a parte homens como eu, homens passando
Homens nus, murchos, esmagando o sexo ao peso das
                              [âncoras enormes
Bocas rígidas, sem água e sem rum, túmulos da língua árida
                              [e estéril.
Mãos sangrando como facas cravadas na carne das cordas.

Nunca poderás imaginar, ó coração de pai, o bergantim
                              [da aurora
Que caminha errante ao ritmo fúnebre dos passos
                              [se arrastando
Nele vivi o grande esquecimento das galeras de escravos
Mas brilhavam demais as estrelas no céu.

E um dia — era o sangue no meu peito — eu vi a grande
                              [estrela
A grande estrela da alba cuja cabeleira aflora às águas
Ela pousou no meu sangue como a tarde nos montes
                              [apaziguados
E eu pensei que a estrela é o amor de Deus na imensa altura.

E meus olhos dormiram no beijo da estrela fugitiva
Ai de mim! não dormia há tantas noites! — dormi e eles
                              [me viram calmo
E a serpente que eu nunca supus viver no seio da miséria
Deu-me às ondas que tiveram pena da minha triste mocidade.

Eis por que estou aqui, velho lobo, esperando
O grande bergantim que eu sei não voltará
Mas tornar, pobre velho, é perder tua filha, é verter outro
                              [sangue
Antes o bergantim fantasma, onde o espaço é pobre
                              [e a caminhada eterna.

Eis por que, velho lobo, aqui estou esperando
À luz da mesma estrela, nos altos promontórios
Aqui a morte me acolherá docemente, esperando
O grande bergantim que eu sei não voltará.

A IMPOSSÍVEL PARTIDA

Como poder-te penetrar, ó noite erma, se os meus olhos
                    [cegaram nas luzes da cidade
E se o sangue que corre no meu corpo ficou branco
                    [ao contato da carne indesejada?...
Como poder viver misteriosamente os teus recônditos sentidos
Se os meus sentidos foram murchando como vão murchando
                              [as rosas colhidas
E se a minha inquietação iria temer a tua eloquência
                                   [silenciosa?...
Eu sonhei!... Sonhei cidades desaparecidas nos desertos
                                        [pálidos
Sonhei civilizações mortas na contemplação imutável
Os rios mortos... as sombras mortas... as vozes mortas...
... o homem parado, envolto em branco sobre a areia branca
                              [e a quietude na face...
Como poder rasgar, noite, o véu constelado do teu mistério
Se a minha tez é branca e se no meu coração não mais existem
                                   [os nervos calmos
Que sustentavam os braços dos Incas horas inteiras no êxtase
                              [da tua visão?...
Eu sonhei!... Sonhei mundos passando como pássaros
Luzes voando ao vento como folhas
Nuvens como vagas afogando luas adolescentes...
Sons... o último suspiro dos condenados vagando
                         [em busca de vida...
O frêmito lúgubre dos corpos penados girando no espaço...
Imagens... a cor verde dos perfumes se desmanchando
                              [na essência das coisas...
As virgens das auroras dançando suspensas nas gazes da bruma
Soprando de manso na boca vermelha dos astros...

Como poder abrir no teu seio, ó noite erma, o pórtico
  [sagrado do Grande Templo
Se eu estou preso ao passado como a criança ao colo materno
E se é preciso adormecer na lembrança boa antes que
  [as mãos desconhecidas me arrebatem?...

TRÊS RESPOSTAS EM FACE DE DEUS

Familles, je vous hais! foyers clos;
portes refermées; possessions jalouses du bonheur.
A. Gide

C'est l'ami ni ardent ni faible. L'ami.
Rimbaud

... ô Femme, monceau d'entrailles, pitié douce,
Tu n'est jamais la Sœur de charité, jamais
Rimbaud

Sim, vós sois... (eu deveria ajoelhar dizendo os vossos nomes!)
E sem vós quem se mataria no presságio de alguma
                                                [madrugada?
À vossa mesa irei murchando para que o vosso vinho
                                               [vá bebendo
De minha poesia farei música para que não mais vos firam
                                               [os seus acentos dolorosos
Livres as mãos e serei Tântalo — mas o suplício da sede
                                               [vós o vereis apenas nos meus olhos
Que adormeceram nas visões das auroras geladas onde o sol
                                               [de sangue não caminha...

E vós!... (Oh, o fervor de dizer os vossos nomes angustiados!)
Deixai correr o vosso sangue eterno sobre as minhas lágrimas
[de ouro!
Vós sois o espírito, a alma, a inteligência das coisas criadas
E a vós eu não rirei — rir é atormentar a tragédia interior
[que ama o silêncio
Convosco e contra vós eu vagarei em todos os desertos
E a mesma águia se alimentará das nossas entranhas
[tormentosas.

E vós, serenos anjos... (eu deveria morrer dizendo os vossos
[nomes!)
Vós cujos pequenos seios se iluminavam misteriosamente
[à minha presença silenciosa!
Vossa lembrança é como a vida que não abandona
[o espírito no sono
Vós fostes para mim o grande encontro...

E vós também, ó árvores de desejo! Vós, a jetatura de Deus
[enlouquecido
Vós sereis o demônio em todas as idades.

73

VARIAÇÕES SOBRE O TEMA DA ESSÊNCIA
(TRÊS MOVIMENTOS EM BUSCA DA MÚSICA)

C'est aussi simple qu'une phrase musicale.
Rimbaud

I

Foi no instante em que o luar desceu da face do Cristo
                                          [como um velário
E na madrugada atenta ouviu-se um choro convulso
                                    [de criança despertando
Sem que nada se movesse na treva entrou violentamente
                                    [pela janela um grande seio branco
Um grande seio apunhalado de onde escorria um sangue roxo
                                    [e que pulsava como se possuísse um coração.
Eu estava estendido, insone, como quem vai morrer —
                                    [o ar pesava sobre mim como um sudário
E as ideias tinham misteriosamente retornado às coisas
                                  [e boiavam como pássaros fora da minha compreensão.
O grande seio veio do espaço, veio do espaço e ficou batendo
                                    [no ar como um corpo de pombo
Veio com o terror que me apertou a garganta para que
                                    [o mundo não pudesse ouvir meu grito
                                    [(o mundo! o mundo! o mundo!...)
Tudo era o instante original, mas eu de nada sabia senão
                                    [do meu horror e da volúpia que vinha crescendo
                                                    [em minhas pernas
E que brotava como um lírio impuro e ficava palpitando
                                                    [dentro do ar.
Era o caos da poesia — eu vivia ali como a pedra despenhada
                                    [no espaço perfeito

Mas no olhar que eu lançava dentro de mim, oh, eu sei
         [que havia um grande seio de alabastro
                  [pingando sangue e leite
E que um lírio vermelho hauria desesperadamente como
                  [uma boca infantil longe da dor.
Voavam sobre mim asas cansadas e crepes de luto flutuavam
         [— eu tinha embebido a noite de cansaço
Eu sentia o branco seio murchar, murchar sem vida
         [e o rubro lírio crescer cheio de seiva
E o horror sair brandamente pelas janelas e a aragem
         [balançar a imagem do Cristo pra lá e pra cá
Eu sentia a volúpia dormir ao canto dos galos e o luar
         [pousar agora sobre o papel branco como o seio
E a aurora vir nascendo sob o meu corpo e ir me levando
         [para as ideias negras, azuis, verdes, rubras,
                  [mas também misteriosas.
Eu me levantei — nos meus dedos os sentidos vivendo,
         [na minha mão um objeto como uma lâmina
E às cegas eu feri o papel como o seio, enquanto o meu olhar
                  [hauria o seio como o lírio.

O poema desencantado nascia das sombras de Deus...

II

Provei as fontes de mel nas cavernas tropicais...
        [(— minha imaginação, enlouquece!)
Fui perseguido pelas floras carnívoras dos vales torturados
        [e penetrei os rios e cheguei aos bordos
                [do mar fantástico
Nada me impediu de sonhar a poesia — oh, eu me converti
        [à necessidade do amor primeiro
E nas correspondências do finito em mim cheguei aos
        [grandes sistemas poéticos do renovamento.
Só desejei a essência — vi campos de lírios se levantarem
        [da terra e cujas raízes eram ratos brancos em fuga
Vi-os que corriam para as montanhas e os persegui com
        [a minha ira — subi as escarpas ardentes como
                [se foram virgens
E quando do mais alto olhei o céu recebi em pleno rosto
        [o vômito das estrelas menstruadas — eternidade!

        O poeta é como a criança que viu a estrela.
        — Ah, balbucios, palavras entrecortadas e
        ritmos de berço. De súbito a dor.

Ai de mim! É como o jovem que sonhando nas janelas azuis,
        [eis que a incompreensão vem e ele entra e atravessa
                [à toa um grande corredor sombrio
E vai se debruçar na janela do fim que se abre para a nova
        [paisagem e ali estende o seu sofrimento
                [(ele retornará...)
Movimentos de areia no meu espírito como se fossem
        [nascer cidades esplêndidas — paz! paz!

Música longínqua penetrando a terra e devolvendo misteriosamente a doçura ao espelho das lâminas e ao brilho dos diamantes. Homens correndo na minha imaginação — por que correm os homens?

O terrível é pensar que há loucos como eu em todas
[as estradas
Os faces-de-lua, seres tristes e vãos, legionários do deserto
(Não seria ridículo vê-los carregando o sexo enorme às costas
[como trágicas mochilas — ai! Deixem-me rir...
Deixem-me rir — por Deus! — que eu me perco em visões
[que nem sei mais...)

É Jesus passando pelas ruas de Jerusalém ao peso da cruz. Nos campos e nos montes a poesia das parábolas. Vociferações, ódios, punhos cerrados contra o mistério. Destino.

Oh, não! Não é a ilusão enganadora nem a palavra vã dos
[oráculos e dos sonhos
O poeta mentirá para que o sofrimento dos homens
[se perpetue.

E eu diria... "Sonhei as fontes de mel..."

III

Do amor como do fruto. (Sonhos dolorosos das ermas
 [madrugadas acordando...)
Nas savanas a visão dos cactos parados à sombra dos
 [escravos — as negras mãos no ventre
 [luminoso das jazidas
Do amor como do fruto. (A alma dos sons nos algodoais
 [das velhas lendas...)
Êxtases da terra às manadas de búfalos passando —
 [ecos vertiginosos das quebradas azuis
O Mighty Lord!

 Os rios, os pinheiros e a luz no olhar dos cães —
 [as raposas brancas no olhar dos caçadores

Lobos uivando, Yukon! Yukon! Yukon! (Casebres nascendo
 [das montanhas paralisadas...)
Do amor como da serenidade. Saudade dos vulcões nas lavas
 [de neve descendo os abismos
Cantos frios de pássaros desconhecidos. (Arco-íris como
 [pórticos de eternidade...)
Do amor como da serenidade nas planícies infinitas
 [o espírito das asas no vento

O Lord of Peace!

Do amor como da morte. (Ilhas de gelo ao sabor das
[correntes...)
Ursas surgindo da aurora boreal como almas gigantescas
[do grande-silêncio-branco
Do amor como da morte. (Gotas de sangue sobre a neve...)
A vida das focas continuamente se arrastando para o não-sei-onde
— Cadáveres eternos de heróis longínquos

O Lord of Death!

A LENDA DA MALDIÇÃO

A noite viu a criança que subia a escada cheia de risos
                                        [e de sombras
E pousou como um pássaro ferido sobre as árvores que
                                        [choravam.
A criança era o príncipe-poeta que a música ardente fizera
                                        [subir à última torre
E a noite era a camponesa que amava o príncipe
                                        [e o adormecia no seu canto.
Quando a criança chegou ao ponto mais alto viu que a música
                                        [era o riso embriagado
E que o riso embriagado era das estátuas mortas que tinham
                                        [no ventre aberto entranhas murchas.
A criança lembrou-se da noite cheia de entranhas e cujo riso
                                        [era a poesia eterna
E a angústia cresceu no seu coração como o mar alto nos
                                        [penhascos.
O olhar cego das estátuas levou o herdeiro do reino ao fosso
                          [negro — ó príncipe, onde estás? — a voz dizia
E a água subia, nos braços, no peito, na boca, nos olhos do
                                        [amado da noite.

Depois saiu do fosso um homem que era o poeta-amaldiçoado
E que possuiu a noite chorando, adormecida.
A noite que nada viu continua chamando o príncipe-poeta
Enquanto o poeta-amaldiçoado chora nos braços das
                                        [estátuas mortas...

V

Assez! voici la punition. — En marche!
Rimbaud

OS MALDITOS
(A APARIÇÃO DO POETA)

Quantos somos, não sei... Somos um, talvez dois, três,
                    [talvez, quatro; cinco, talvez nada
Talvez a multiplicação de cinco em cinco mil e cujos restos
                    [encheriam doze terras
Quantos, não sei... Só sei que somos muitos — o desespero
                    [da dízima infinita
E que somos belos como deuses mas somos trágicos.

Viemos de longe... Quem sabe no sono de Deus tenhamos
                    [aparecido como espectros
Da boca ardente dos vulcões ou da órbita cega dos lagos
                    [desaparecidos
Quem sabe tenhamos germinado misteriosamente do solo
                    [cauterizado das batalhas
Ou do ventre das baleias quem sabe tenhamos surgido?

Viemos de longe — trazemos em nós o orgulho do anjo
                    [rebelado
Do que criou e fez nascer o fogo da ilimitada e altíssima
                    [misericórdia
Trazemos em nós o orgulho de sermos úlceras no eterno
                    [corpo de Jó
E não púrpura e ouro no corpo efêmero do Faraó.

Nascemos da fonte e viemos puros porque herdeiros do sangue
E também disformes porque — ai dos escravos! —
                    [não há beleza nas origens
Voávamos — Deus dera a asa do bem e a asa do mal às nossas
                              [formas impalpáveis
Recolhendo a alma das coisas para o castigo e para a perfeição
                              [na vida eterna.

Nascemos da fonte e dentro das eras vagamos como sementes
              [invisíveis o coração dos mundos e dos homens
Deixando atrás de nós o espaço como a memória latente
                        [da nossa vida anterior
Porque o espaço é o tempo morto — e o espaço é a memória
                                        [do poeta
Como o tempo vivo é a memória do homem sobre a terra.

Foi muito antes dos pássaros — apenas rolavam na esfera
                              [os cantos de Deus
E apenas a sua sombra imensa cruzava o ar como um farol
                                    [alucinado...
Existíamos já... No caos de Deus girávamos como o pó
                          [prisioneiro da vertigem
Mas de onde viéramos nós e por que privilégio recebido?

E enquanto o eterno tirava da música vazia a harmonia
                                    [criadora
E da harmonia criadora a ordem dos seres e da ordem
                                    [dos seres o amor
E do amor a morte e da morte o tempo e do tempo
                                    [o sofrimento
E do sofrimento a contemplação e da contemplação
                                    [a serenidade imperecível.

Nós percorríamos como estranhas larvas a forma patética
                                    [dos astros
A tudo assistindo e tudo ouvindo e tudo guardando
                                    [eternamente
Como, não sei... Éramos a primeira manifestação
                                    [da divindade
Éramos o primeiro ovo se fecundando à cálida centelha.

Vivemos o inconsciente das idades nos braços palpitantes
                                    [dos ciclones
E as germinações da carne no dorso descarnado dos luares
Assistimos ao mistério da revelação dos Trópicos e dos Signos
E a espantosa encantação dos eclipses e das esfinges.

Descemos longamente o espelho contemplativo das águas
                                   [dos rios do Éden
E vimos, entre os animais, o homem possuir doidamente
                                   [a fêmea sobre a relva
Seguimos... E quando o decurião feriu o peito de Deus
                                   [crucificado
Como borboletas de sangue brotamos da carne aberta
                                   [e para o amor celestial voamos.

Quantos somos, não sei... somos um, talvez dois, três,
                                   [talvez quatro; cinco, talvez, nada
Talvez a multiplicação de cinco em cinco mil e cujos restos
                                   [encheriam doze terras
Quantos, não sei... Somos a constelação perdida que
                                   [caminha largando estrelas
Somos a estrela perdida que caminha desfeita em luz.

O NASCIMENTO DO HOMEM

I

E uma vez, quando ajoelhados assistíamos à dança nua
                                      [das auroras
Surgiu do céu parado como uma visão de alta serenidade
Uma branca mulher de cujo sexo a luz jorrava em ondas
E de cujos seios corria um doce leite ignorado.

Oh, como ela era bela! era impura — mas como ela era bela!
Era como um canto ou como uma flor brotando ou como
                                        [um cisne
Tinha um sorriso de praia em madrugada e um olhar
                                        [evanescente
E uma cabeleira de luz como uma cachoeira em plenilúnio.

Vinha dela uma fala de amor irresistível
Um chamado como uma canção noturna na distância
Um calor de corpo dormindo e um abandono de onda
                                        [descendo
Uma sedução de vela fugindo ou de garça voando.

E a ela fomos e a ela nos misturamos e a tivemos…
Em véus de neblina fugiam as auroras nos braços do vento
Mas que nos importava se também ela nos carregava
                                        [nos seus braços
E se o seu leite sobre nós escorria e pelo céu?

Ela nos acolheu, estranhos parasitas, pelo seu corpo
                                [desnudado
E nós a amamos e defendemos e nós no ventre a fecundamos
Dormíamos sobre os seus seios apojados ao clarão
                                [das tormentas
E desejávamos ser astros para inda melhor compreendê-la.

Uma noite o horrível sonho desceu sobre as nossas almas
                                        [sossegadas
A amada ia ficando gelada e silenciosa — luzes morriam
                                        [nos seus olhos...
Do seu peito corria o leite frio e ao nosso amor desacordada
Subiu mais alto e mais além, morta dentro do espaço.

Muito tempo choramos e as nossas lágrimas inundaram a terra
Mas morre toda a dor ante a visão dolorosa da beleza
Ao vulto da manhã sonhamos a paz e a desejamos
Sonhamos a grande viagem através da serenidade das crateras.

Mas quando as nossas asas vibraram no ar dormente
Sentimos a prisão nebulosa de leite envolvendo as nossas
                                            [espécies
A Via Láctea — o rio da paixão correndo sobre a pureza
                                            [das estrelas
A linfa dos peitos da amada que um dia morreu.

Maldito o que bebeu o leite dos seios da virgem que
                              [não era mãe mas era amante
Maldito o que se banhou na luz que não era pura mas
                                          [ardente
Maldito o que se demorou na contemplação do sexo que
                                [não era calmo mas amargo
O que beijou os lábios que eram como a ferida dando sangue!

E nós ali ficamos, batendo as asas libertas, escravos
                                [do misterioso plasma
Metade anjo, metade demônio, cheios da euforia do vento
                                [e da doçura do cárcere remoto
Debruçados sobre a terra, mostrando a maravilhosa essência
                                      [da nossa vida
Lírios, já agora turvos lírios das campas, nascidos da face
                                      [lívida da morte.

II

Mas vai que havia por esse tempo nas tribos da terra
Estranhas mulheres de olhos parados e longas vestes
                              [nazarenas
Que tinham o plácido amor nos gestos tristes e serenos
E o divino desejo nos frios lábios anelantes.

E quando as noites estelares fremiam nos campos sem lua
E a Via Láctea como uma visão de lágrimas surgia
Elas beijavam de leve a face do homem dormindo no feno
E saíam dos casebres ocultos, pelas estradas murmurantes.

E no momento em que a planície escura beijava os dois
                              [longínquos horizontes
E o céu se derramava iluminadamente sobre a várzea
Iam as mulheres e se deitavam no chão paralisadas
As brancas túnicas abertas e o branco ventre desnudado.

E pela noite adentro elas ficavam, descobertas
O amante olhar boiando sobre a grande plantação de estrelas
No desejo sem fim dos pequenos seres de luz alcandorados
Que palpitavam na distância numa promessa de beleza.

E tão maternalmente os desejavam e tão na alma os possuíam
Que às vezes desgravitados uns despenhavam-se no espaço
E vertiginosamente caíam numa chuva de fogo e de fulgores
Pelo misterioso tropismo subitamente carregados.

Nesse instante, ao delíquio de amor das destinadas
Num milagre de unção, delas se projetava à altura
Como um cogumelo gigantesco um grande útero fremente
Que ao céu colhia a estrela e ao ventre retornava.

E assim pelo ciclo negro da pálida esfera através do tempo
Ao clarão imortal dos pássaros de fogo cruzando o céu
                                                    [noturno
As mulheres, aos gritos agudos da carne rompida de dentro
Iam se fecundando ao amor puríssimo do espaço.

E às cores da manhã elas voltavam vagarosas
Pelas estradas frescas, através dos vastos bosques de pinheiros
E ao chegar, no feno onde o homem sereno inda dormia
Em preces rituais e cantos místicos velavam.

Um dia mordiam-lhes o ventre, nas entranhas — entre raios
                                        [de sol vinha a tormenta...
Sofriam... e ao estridor dos elementos confundidos
Deitavam à terra o fruto maldito de cuja face transtornada
As primeiras e mais tristes lágrimas desciam.

Tinha nascido o poeta. Sua face é bela, seu coração é trágico
Seu destino é atroz; ao triste materno beijo mudo e ausente
Ele parte! Busca ainda as viagens eternas da origem
Sonha ainda a música um dia ouvida em sua essência.

A CRIAÇÃO NA POESIA
(IDEAL)

Fragmento

    O poeta parte no eterno renovamento. Mas seu destino é fugir sempre ao homem que ele traz em si.

O poeta:
    Eu sonho a poesia dos gestos fisionômicos de um anjo!
....

ARIANA, A MULHER

A José Arthur da Frota Moreira
— em relembrança

ARIANA, A MULHER

Quando, aquela noite, na sala deserta daquela casa cheia
                                 [da montanha em torno
O tempo convergiu para a morte e houve uma cessação e
   [estranha seguida de um debruçar do instante para o outro
                                          [instante
Ante o meu olhar absorto o relógio avançou e foi como se eu
                 [tivesse me identificado a ele e estivesse batendo
                           [soturnamente a Meia-Noite
E na ordem de horror que o silêncio fazia pulsar como um
                        [coração dentro do ar despojado
Senti que a Natureza tinha entrado invisivelmente através
              [das paredes e se plantara aos meus olhos
                        [em toda a sua fixidez noturna
E que eu estava no meio dela e à minha volta havia árvores
                [dormindo e flores desacordadas pela treva.

Como que a solidão traz a presença invisível de um cadáver —
           [e para mim era como se a Natureza estivesse morta
Eu aspirava a sua respiração ácida e pressentia a sua
              [deglutição monstruosa mas para mim
                    [era como se ela estivesse morta
Paralisada e fria, imensamente erguida em sua sombra
                 [imóvel para o céu alto e sem lua
E nenhum grito, nenhum sussurro de água nos rios correndo,
              [nenhum eco nas quebradas ermas
Nenhum desespero nas lianas pendidas, nenhuma fome
           [no muco aflorado das plantas carnívoras
Nenhuma voz, nenhum apelo da terra, nenhuma lamentação
                          [de folhas, nada.

Em vão eu atirava os braços para as orquídeas insensíveis
             [junto aos lírios inermes como velhos falos
Inutilmente corria cego por entre os troncos cujas parasitas
            [eram como a miséria da vaidade senil dos homens
Nada se movia como se o medo tivesse matado em mim
          [a mocidade e gelado o sangue capaz de acordá-los
E já o suor corria do meu corpo e as lágrimas dos meus olhos
         [ao contato dos cactos esbarrados na alucinação da fuga
E a loucura dos pés parecia galgar lentamente os membros
                       [em busca do pensamento
Quando caí no ventre quente de uma campina de vegetação
            [úmida e sobre a qual afundei minha carne.

Foi então que compreendi que só em mim havia morte e que
                              [tudo estava profundamente vivo
Só então vi as folhas caindo, os rios correndo, os troncos
                              [pulsando, as flores se erguendo
E ouvi os gemidos dos galhos tremendo, dos gineceus
                              [se abrindo, das borboletas noivas se finando
E tão grande foi a minha dor que angustiosamente abracei
                              [a terra como se quisesse fecundá-la
Mas ela me lançou fora como se não houvesse força em mim
                              [e como se ela não me desejasse
E eu me vi só, nu e só, e era como se a traição tivesse
                              [me envelhecido eras.

Tristemente me brotou da alma o branco nome da Amada
                              [e eu murmurei — Ariana!
E sem pensar caminhei trôpego como a visão do Tempo
                              [e murmurava — Ariana!
E tudo em mim buscava Ariana e não havia Ariana
                              [em nenhuma parte
Mas se Ariana era a floresta, por que não havia de ser Ariana
                              [a terra?
Se Ariana era a morte, por que não havia de ser Ariana
                              [a vida?
Por que — se tudo era Ariana e só Ariana havia e nada fora
                              [de Ariana?

Baixei à terra de joelhos e a boca colada ao seu seio disse
                [muito docemente — Sou eu, Ariana...
Mas eis que um grande pássaro azul desce e canta aos
                [meus ouvidos — Eu sou Ariana!
E em todo o céu ficou vibrando como um hino o muito
                [amado nome de Ariana.
Desesperado me ergui e bradei: Quem és que te devo
        [procurar em toda a parte e estás em cada uma?
Espírito, carne, vida, sofrimento, serenidade, morte,
                    [por que não serias uma?
Por que me persegues e me foges e por que me cegas
            [se me dás uma luz e restas longe?

Mas nada me respondeu e eu prossegui na minha
              [peregrinação através da campina
E dizia: Sei que tudo é infinito! — e o pio das aves me trazia
                [o grito dos sertões desaparecidos
E as pedras do caminho me traziam os abismos e a terra seca
                      [a sede nas fontes.
No entanto, era como se eu fosse a alimária de um anjo
              [que me chicoteava — Ariana!
E eu caminhava cheio de castigo e em busca do martírio
                        [de Ariana
A branca Amada salva das águas e a quem fora prometido
                      [o trono do mundo.

E eis que galgando um monte surgiram luzes e após janelas
[iluminadas e após cabanas iluminadas
E após ruas iluminadas e após lugarejos iluminados como
[fogos no mato noturno
E grandes redes de pescar secavam às portas e se ouvia
[o bater das forjas.
E perguntei: Pescadores, onde está Ariana? — e eles me
[mostravam o peixe
Ferreiros, onde está Ariana? — e eles me mostravam o fogo
Mulheres, onde está Ariana? — e elas me mostravam o sexo.

Mas logo se ouviam gritos e danças, e gaitas tocavam
[e guizos batiam
Eu caminhava, e aos poucos o ruído ia se alongando à medida
[que eu penetrava na savana
No entanto, era como se o canto que me chegava entoasse
[— Ariana!
E pensei: Talvez eu encontre Ariana na Cidade de Ouro!
[— por que não seria Ariana a mulher perdida?
Por que não seria Ariana a moeda em que o obreiro gravou
[a efígie de César?
Por que não seria Ariana a mercadoria do Templo
[ou a púrpura bordada do altar do Templo?

E mergulhei nos subterrâneos e nas torres da Cidade de Ouro
                            [mas não encontrei Ariana
Às vezes indagava — e um poderoso fariseu me disse irado:
                        [— Cão de Deus, tu és Ariana!
E talvez porque eu fosse realmente o Cão de Deus, não
                      [compreendi a palavra do homem rico
Mas Ariana não era a mulher, nem a moeda, nem
                      [a mercadoria, nem a púrpura
E eu disse comigo: Em todo lugar menos que aqui estará
                                   [Ariana
E compreendi que só onde cabia Deus cabia Ariana.

Então cantei: Ariana, chicote de Deus castigando Ariana!
                        [e disse muitas palavras inexistentes
E imitei a voz dos pássaros e espezinhei sobre a urtiga mas
                        [não espezinhei sobre a cicuta santa
Era como se um raio tivesse me ferido e corresse desatinado
                        [dentro de minhas entranhas
As mãos em concha, no alto dos morros ou nos vales
                            [eu gritava — Ariana!
E muitas vezes o eco ajuntava: Ariana... ana...
E os trovões desdobravam no céu a palavra — Ariana.

E como a uma ordem estranha, as serpentes saíam das tocas
                                        [e comiam os ratos
Os porcos endemoninhados se devoravam, os cisnes
                                        [tombavam cantando nos lagos
E os corvos e abutres caíam feridos por legiões de águias
                                        [precipitadas
E misteriosamente o joio se separava do trigo nos campos
                                        [desertos
E os milharais descendo os braços trituravam as formigas
                                        [no solo
E envenenadas pela terra descomposta as figueiras
                                  [se tornavam profundamente secas.

Dentro em pouco todos corriam a mim, homens varões
                                        [e mulheres desposadas
Umas me diziam: Meu senhor, meu filho morre! E outras
                                        [eram cegas e paralíticas
E os homens me apontavam as plantações estorricadas
                                        [e as vacas magras.
E eu dizia: Eu sou o enviado do Mal! e imediatamente
                                        [as crianças morriam
E os cegos se tornavam paralíticos e os paralíticos cegos
E as plantações se tornavam pó que o vento carregava
                                      [e que sufocava as vacas magras.

Mas como quisessem me correr eu falava olhando a dor
[e a maceração dos corpos
Não temas, povo escravo! A mim me morreu a alma mais do
[que o filho e me assaltou a indiferença mais do que a lepra
A mim se fez pó a carne mais do que o trigo e se sufocou
[a poesia mais do que a vaca magra
Mas é preciso! para que surja a Exaltada, a branca
[e seraníssima Ariana
A que é a lepra e a saúde, o pó e o trigo, a poesia e a vaca
[magra
Ariana, a mulher — a mãe, a filha, a esposa, a noiva,
[a bem-amada!

E à medida que o nome de Ariana ressoava como um grito
[de clarim nas faces paradas
As crianças se erguiam, os cegos olhavam, os paralíticos
[andavam medrosamente
E nos campos dourados ondulando ao vento, as vacas
[mugiam para o céu claro
E um só clamor saía de todos os peitos e vibrava em todos
[os lábios — Ariana!
E uma só música se estendia sobre as terras e sobre os rios
[— Ariana!
E um só entendimento iluminava o pensamento dos poetas
[— Ariana!

Assim, coberto de bênçãos, cheguei a uma floresta e me sentei
        [às suas bordas — os regatos cantavam límpidos
Tive o desejo súbito da sombra, da humildade dos galhos
        [e do repouso das folhas secas
E me aprofundei na espessura funda cheia de ruídos e onde
        [o mistério passava sonhando
E foi como se eu tivesse procurado e sido atendido —
        [vi orquídeas que eram camas doces para a fadiga
Vi rosas selvagens cheias de orvalho, de perfume eterno
        [e boas para matar a sede
E vi palmas gigantescas que eram leques para afastar
        [o calor da carne.

Descansei — por um momento senti vertiginosamente
        [o húmus fecundo da terra
A pureza e a ternura da vida nos lírios altivos como falos
A liberdade das lianas prisioneiras, a serenidade das quedas
        [se despenhando.
E mais do que nunca o nome da Amada me veio e eu
        [murmurei o apelo — Eu te amo, Ariana!
E o sono da Amada me desceu aos olhos e eles cerraram
        [a visão de Ariana
E o meu coração pôs-se a bater pausadamente doze vezes
        [o sinal cabalístico de Ariana...

....

Depois um gigantesco relógio se precisou na fixidez do sonho,
 [tomou forma e se situou na minha frente,
 [parado sobre a Meia-Noite
Vi que estava só e que era eu mesmo e reconheci velhos
 [objetos amigos.
Mas passando sobre o rosto a mão gelada senti que chorava
 [as puríssimas lágrimas de Ariana
E que o meu espírito e o meu coração eram para sempre
 [da branca e sereníssima Ariana
No silêncio profundo daquela casa cheia da montanha
 [em torno.

maio, 1935

POSFÁCIO

UMA POESIA SUBJUNTIVA
NOEMI JAFFE

O livro *Forma e exegese*, escrito em 1935, tem início com o poema "O olhar para trás". Esse poema, por sua vez, se inicia com os versos:

> Nem surgisse um olhar de piedade ou de amor
> Nem houvesse uma branca mão que apaziguasse minha
> [fronte palpitante...
> Eu estaria sempre como um círio queimando para o céu
> [a minha fatalidade
> Sobre o cadáver ainda morno desse passado adolescente.

À parte os vários aspectos que, desde essa estrofe de abertura do livro, já apresentam uma síntese da atmosfera geral do que está por vir, o modo subjuntivo ressalta.

Pode-se dizer, sem exagero interpretativo, que *Forma e exegese* e *Ariana, a mulher* — o segundo e o terceiro livro de Vinicius de Moraes — são livros subjuntivos. O subjuntivo é um modo verbal. Modo, na gramática, refere-se à atitude do falante em relação àquilo que enuncia. E o subjuntivo é o modo verbal em que o falante enuncia uma hipótese, uma dúvida, uma possibilidade. Ora, a atitude do enunciador desses dois livros (e há um falante evidente e abundante em cada poema) é mesmo a do sujeito subjuntivo. Nada é; tudo poderia ou não poderia ser. Tudo seria, se não fosse; tudo não seria, se fosse.

Logo nos dois primeiros versos de "O olhar para trás", além de usar o subjuntivo, o poeta suprime o conhecido e mais fácil *se*, com cujo uso os versos ficariam assim: *se não* "surgisse um olhar de piedade ou de amor"/ *se não* "houvesse uma branca mão que apaziguasse minha fronte palpitante". A ausência do *se* empresta à hipótese e à imaginação um grau de mistério e de impossibilidade ainda maior, mantendo a atmosfera poética cada vez mais rarefeita e elevada para um lugar praticamente inacessível.

E assim, no mesmo caminho do modo subjuntivo dos dois primeiros versos, encontram-se, ao longo do livro, inúmeros exemplos dessa ambientação subjuntiva, marca que determina não só a linguagem mas o próprio "partido poético" de Vinicius em seus primeiros livros.

Se não, vejamos: em vários poemas aparecem, recorrentes, e somente a título de exemplo, advérbios como *talvez, longe, estranhamente, misteriosamente, de repente*. Substantivos como *sombra, rumor, madrugada, lembranças, névoa, sopro, ausência, sensação, vácuo, nostalgia, suspensão, languidez*. Verbos como *enlaçar, diluir, escorrer, murmurar, arrastar, boiar, entoar, repousar, farfalhar, tremer, velar, afagar, surgir, soar, vibrar, debruçar, fremer, recender, arrepiar*, e adjetivos como *vago, longínquos, infinito, quietos, vãos, plácido*.

Um léxico que vai carregando a leitura, à medida que o leitor avança, retorna, relê, de sensações de instabilidade, sonho, iminência, melancolia e certa sensualidade. Nada que habite o terreno do chão firme, da realização possível das coisas, da concretude do mundo. Tudo começa, passa e continua pelo filtro da insinuação. As coisas quase acontecem, mas se esfumam; há um desejo e um olhar sensual, mais que sexual (se há sexo, ele é seguido de penitência); apela-se para os sentidos (a visão, o olfato, a audição) e para as impressões, mais que para as ideias; o amor, a angústia, a dor e a solidão ficam cercados pelas brumas, madrugadas, sombras.

Nada disso era, àquela altura, exatamente novo. É sabido que, desde o romantismo e mais ainda nos poemas simbolistas, a atmosfera de incerteza e vaguidão era dominante na linguagem e na mente dos poetas e da poesia. Tudo contribuía para o espírito claudicante e distanciado de uma poesia que cultivava, com determinação quase masoquista, o impossível e o doloroso.

Também já foi amplamente estudado o fenômeno da assim

chamada Geração de 30, que, depois das convicções extremamente positivas dos primeiros modernistas, optou, em muitos casos, por uma retomada de práticas anteriores ao modernismo, em parte até como contestação de uma poesia tão sem freios e tão liberta da tradição. É o caso de Augusto Frederico Schmidt, Jorge de Lima, Cecília Meireles e outros, que incorporaram, ao verso livre e à brasilidade sedimentados pelos modernistas, o sentimento místico, de uma "poesia em Cristo" (não católica, mas cristã), e um maior sentimentalismo.

O importante é verificar em que e como a poesia da fase inicial de Vinicius de Moraes se distingue das demais.

Antes de tudo, Vinicius era o mais jovem dos poetas da Geração de 30. Em 1935, tinha dezenove anos. Sem querer esbarrar em leituras de teor biográfico, é impossível não reparar que, em *Forma e exegese*, a impressão geral é que estamos diante de alguém vivido e experiente: o "passado adolescente"; "lembraste?"; "eternamente exausto"; "Eu sou como o velho barco"; "muito andei e em vão"; "uma longa caminhada sem noites"; "Por que quando eu caminhei para o sofrimento"; "vejo coisas que mente humana jamais viu"; "Eu estava só como o homem sem Deus no meio do tempo"; "a vida tinha misteriosamente passado"; além do uso do advérbio *outrora* e outros semelhantes, indicando lembranças de um passado distante, e do uso dos verbos no pretérito imperfeito, o que imprime uma atmosfera de nostalgia de um passado que certamente não retornará.

Jovem, Vinicius escrevia as recordações de um velho cansado; já mais velho, como não pensar em algumas das suas principais letras de canções, como "Eu sei que vou te amar/ Por toda a minha vida, eu vou te amar"; "O mundo se abriu em flor"; "Ser feliz é viver morto de paixão"; "o que eu sei é que ninguém nunca teve mais, mais do que eu"; "o nosso amor mostrou que veio pra ficar"; "Se você quer ser minha namorada/ Ah, que linda namorada/ Você poderia ser". Como se o tempo histórico tivesse operado um efeito reverso no poeta, sua poesia passa, dos anos 30 até os anos 70, da velhice para a juventude.

Manuel Bandeira, em texto crítico sobre *Forma e exegese*, já antevia — profético — a transição que se operaria em Vinicius, da "virtuosidade verbal" a uma maior "condensação": "Agora vejo que o poeta pode ainda ultrapassar-se, quando chegar à idade da condensação, quando se cansar um pouco da sua rica virtuosidade verbal, único perigo que discirno nessa sua abundância".[1] Como se, da exaustão do jovem ao entusiasmo maduro, o poeta tivesse passado do excesso para uma maior simplicidade.

Mas não é somente de cansaço, abstrações e essencialismo religioso ou amoroso que são feitos *Forma e exegese* e *Ariana, a mulher*. Ainda com a dicção de alguém já exausto da vida, sua poesia por vezes também dá voz ao mundo concreto: homens e mulheres que lhe ensinam a ver o real e, como não poderia deixar de ser, em se tratando de Vinicius, o sexo e a beleza. "Eli tinha seios bonitos"; com ela o eu poético experimentou "o beijo ardente sobre a areia úmida"; com "Mário e Quincas" (pescadores), o eu poético aprendeu "a rachar lenha e ir buscar conchas sonoras no mar fundo", e a eles ensinou "a conquistar as jovens praianas tímidas e risonhas". E num poema que soa como se o futuro Vinicius estivesse à espreita sabotando o jovem, "A volta da mulher morena", são as coisas concretas que ameaçam tomar conta das sombras e suspensões: a mulher morena tem lábios maduros, seus peitos sufocam o sono do poeta, ela tem braços lassos, que recendem a resina fresca. Mas, como fez Álvares de Azevedo um século antes de Vinicius, o poeta pede à "aventureira do Rio da Vida" e até à "branca avozinha dos caminhos" que o salvem da mulher morena, portadora do mundo lá fora. Reza para que suas pernas murchem, como no poema "Ilha do Governador", e acaba transformando os pescadores e Eli, a mulher dos "seios bonitos", em sua "primeira angústia" e no "gemido de angústia de todas as noites".

---

1 BANDEIRA, Manuel. *Andorinha, andorinha*. São Paulo: Círculo do Livro, 1993.

Distante, ao menos em forma de desejo, do mundo fragmentado e físico, a primeira poesia de Vinicius de Moraes é uma voz essencialista, até mais do que exclusivamente mística. Nos dois livros, busca-se uma resposta total e una que possa dar conta de uma melancolia incompreensível e sem objeto. Assim, ao mesmo tempo que ressoam firmes as referências a tudo o que é vago e impalpável, desponta, no fundo e na superfície dos poemas, uma possibilidade de resposta essencial: é a profundidade da morte, a eternidade, o Tempo, Deus, o infinito, o inferno, Jesus e Satã, o passado puro, a piedade, além de um "grande seio branco", num poema que, de certa maneira, sintetiza a ideia do livro, "Variações sobre o tema da essência". Aqui, num misto de surrealismo, misticismo e sensualidade mórbida, um grande seio branco apunhalado adentra o quarto do poeta. O seio branco é o instante original, é o caos da poesia, é o amor primeiro e, num delírio alucinante, "o vômito das estrelas menstruadas — eternidade". Como se dentro de um embate perene entre as forças do mal (o mundo) e do bem (a eternidade), *Forma e exegese* oscila sempre tenso, com as cordas bem esticadas, entre o desejo da forma e a castidade da exegese. Pode-se afirmar, com tranquilidade, que nesse embate não há vencedor, e é isso que dá maior força ao livro. Embora se recorra a Deus como redentor da angústia mundana, muitas vezes Sua presença se confunde com a morte, o abandono, uma espécie de salvação mais triste que pacificadora. A dor é extrema, mas ao mesmo tempo é cultivada como sintoma vital. Nisso, sem dúvida, também se ouve o eco do que ainda virá, por exemplo, numa letra como a da canção "Berimbau":

Eu chorei, perdi a paz
Mas o que eu sei é que ninguém nunca teve mais,
[mais do que eu.

Em *Ariana, a mulher*, que em alguns momentos lembra o poema *O corvo*, de Edgar Allan Poe, Ariana assume agora o lugar da essência redentora, encarnando em seu nome e no clamor pelo seu nome em tudo simbólico a salvação da alma e do corpo perdidos do eu poético.

O poema se inicia em tom narrativo, contando sobre um momento, à meia-noite (como em Poe), de imobilidade total, em que a Natureza penetra no quarto do jovem (novamente Poe) e ela está morta. O jovem busca o movimento, mas tudo está estacionado. Ele cai no "ventre quente de uma campina de vegetação úmida", quando percebe que não é a Natureza, e sim ele próprio que está morto. É nesse instante que ele começa a chamar pelo nome da "Amada [...] — Ariana!". Ariana é a vida, a morte, a própria Natureza, é um pássaro azul que desce dos céus. Ela está em toda parte e em cada uma. Ela é muitas e é uma só. Para os pescadores, ela é o peixe; para os ferreiros, o fogo, e para as mulheres, o sexo. Ela pode ser, enfim, o próprio eu. O jovem passa por uma peregrinação onírica, em que Ariana, a mulher de Áries, do planeta Marte, é o mal e o bem, para finalmente acordar de novo em seu quarto, sereno. Deus, nesse poema, surge fundido a uma imagem feminina, sensual e panteísta, bem mais localizado no espaço do sonho, e o poeta, depois de uma vivência noturna de um misto de horror e vitalidade, acorda para reconhecer-se e aos "velhos objetos amigos".

De certa forma, em *Ariana, a mulher* já se pode ler um caminho para a superação poética e existencial dos dilemas aparentemente insolúveis de *Forma e exegese*. Uma distinção mais clara entre o sono e a vigília, a possibilidade do amor e da mulher como figuras complexas mas não necessariamente más, e a assunção de si mesmo como sujeito vital e poético. Na viagem da poesia de Vinicius, a essência em Cristo será folgadamente substituída pela mulher, distribuída em Arianas, Marias, Alices, Lucílias, Olgas, numa passagem para um panteísmo cada vez mais assumido, em que Deus habita em paz as coisas concretas do mundo, sem, contudo, deixar de morar no céu.

ARQUIVO

A TRANSFIGURAÇÃO DA MONTANHA*
OTÁVIO DE FARIA

FORMA E EXEGESE

Editado em 1935, apenas dois anos depois do primeiro [livro], foi uma verdadeira revelação para o nosso meio poético, não lhe sendo regateado nenhum aplauso público.[1] Seus poemas, de uma qualidade não raro excepcional, fazem empalidecer mesmo as melhores poesias de *O caminho para a distância*, como "Ânsia", "Sonoridade" ou "A uma mulher". Aliás, pela "forma", são tão diferentes que frequentemente se tem a impressão nítida de que se trata de outro poeta.

Insisto: se é que tem sentido falar de renovação de "forma" num poeta, de um livro para outro, é aqui ou nunca o momento. Naturalmente, é sempre o mesmo poeta que continua a viver e a sofrer, e muitos dos temas básicos de *O caminho para a distância* são aqui, mais uma vez, retomados e desenvolvidos. Apenas, agora, a "forma" é totalmente diferente e em muitas ocasiões se torna difícil, se não impossível, seguir passo a passo as transformações que levaram o poeta de uma "forma" a outra.

Para perceber essas modificações não é necessário nenhum exame meticuloso. Basta um simples olhar lançado sobre os versos longos, desusadamente longos, que se substituíram aos versos de tamanho comum de *O caminho para a distância*. E logo se constata que, alongando-se assim, os versos ganharam um encanto novo, um ritmo que era, inegavelmente, o sentido

---

*Publicado em *Poesia completa e prosa*, org. Afrânio Coutinho, Rio de Janeiro: Nova Aguilar, 1974. O texto de Otávio de Faria trata também de *O caminho para a distância*, mas reproduzimos aqui – com algumas correções – apenas as partes relativas a *Forma e exegese* e *Ariana, a mulher* (*Poesia completa e prosa*, org. Eucanaã Ferraz, Rio de Janeiro: Nova Aguilar, 2004, pp. 76-81).

1 Concretizado, inclusive, pela concessão, em 1935, do Prêmio Felipe d'Oliveira.

(de quando em quando) ferido pelos versos menos felizes de *O caminho para a distância*, e os movimentos como que se respondem uns aos outros numa harmonia que, sem dificuldade, conquista totalmente o ouvido.

Com toda uma beleza contida no interior desse movimento ondulante (penso especialmente em poemas como "O Incriado", "O bergantim da aurora" ou "O olhar para trás"), o verso parece agora ter adquirido uma forma nova, com que o poeta da fase inicial, na verdade, só contava em momentos excepcionais — essa de correr, de desaparecer subitamente de diante dos olhos e dos ouvidos do leitor —, uma sonoridade, uma beleza musical que está nas melhores coisas de Verlaine como nos grandes momentos de "visão" de Rimbaud ou em certas passagens da obra de Claudel moço.

Evidentemente, o poeta mudou. E essa mudança, é inegável, representou, nele, um prodigioso enriquecimento, um grande passo no sentido da perfeição poética. De um livro para outro, cresceu incrivelmente. E digo que cresceu porque a visão que, em *Forma e exegese*, ele nos dá do mundo e das "coisas" é muito mais rica e plena, muito menos direta ou puramente descritiva do que a do seu livro de estreia. Digo que o poeta cresceu porque, inegavelmente, agora, vê as coisas de um modo diferente, desse modo especial pelo qual só os autênticos poetas conseguem ver a realidade: — a "visão" — no sentido preciso em que Rimbaud via no poeta, essencialmente, um *voyant*, isto é: um ser privilegiado que *vê* as coisas que o comum dos homens não consegue ver e nem mesmo julga possível que existam, de tal modo vive satisfeito e absorvido pela cotidianidade a que se habituou.

Nesse sentido, portanto, é que se pretende afirmar aqui que a maior transformação (de *Forma e exegese* em relação a *O caminho para a distância*) deu-se, essencialmente, no terreno da "visão", isto é: que foi especialmente como "vidente" que Vinicius de Moraes *cresceu*. Enquanto *O caminho para a distância* nos revela um poeta constantemente dominado pela ideia de mostrar o que lhe sucedeu em toda uma série de experiências que está acabando de viver no momento, de *contar*, portanto, acontecimentos, sentimentos etc., *Forma e exegese* apresenta um poeta essencialmente preocupado com as imagens que determinados sentimentos provocam nele, com o que, portanto, ele *vê* em certos instantes privilegiados de sua existência. A vida que passa, cada um dos seus momentos culminantes, provoca nele uma *visão*. E essa visão não é, na verdade, nada que se assemelhe à simples narração, em termos de poesia, do que está acontecendo ou vai acontecer ao poeta. É (ou pretende ser) bem mais do que isso. É, exatamente, uma *visão*, isto é: uma expressão em imagens, uma transposição em símbolos, daquilo que existe em cada acontecimento, diante do qual a sensibilidade do poeta se detém. Ou melhor: do que existe de essencial, de mais íntimo ao poeta e à lei das coisas e dos seres que ele reconhece como verdadeira.

Visões, com efeito, todos ou quase todos os grandes poemas do livro. Visões: "O Incriado", "A mulher na noite", "O bergantim da aurora", "O escravo", "A queda", "O cadafalso". Visões, todos esses poemas em que nos fala diretamente de sua vida, dos acontecimentos que o feriram e que ele "traduziu" servindo-se de representações diversas. Como visões, também, todos os outros poemas em que, aparentemente, parece estar criando símbolos ou lendas provenientes de simples imaginação poética, como "A Legião dos Úrias", "A lenda da maldição", "Idade Média",[2] e nos quais, na realidade, o poeta aceita a tarefa de dar forma — a forma de uma visão — a sentimentos, dramas íntimos que o perseguem como obsessões, enfim, a tudo o que há, nele, de mais pessoal.

De todas essas visões, certamente é a visão da morte a que com mais violência faz com que pare e meça o espanto em volta, apavorado com o que vê, desconfiado de tudo o que existe por detrás das coisas que fixa. Debalde seu olhar corre-

---

2 O poema "Idade Média" pertence ao livro *Novos poemas*. (N.E.)

rá pelos montes, debalde seguirá os rios que fogem rápidos, debalde planará com os pássaros que voam, debalde subirá com as nuvens que se perdem no alto e logo se desfazem. De todos os modos, a todos os instantes, aqui como a ausência que mata porque a lembrança sempre acorre; ali como a presença que asfixia, em todas as situações é sempre a figura da morte que surge, hoje sem nem o mais leve véu lhe escondendo o horror, amanhã irreconhecível para o olhar cheio de esperança do poeta, que a aceitará sem a menor suspeita.

A visão da morte o persegue. Morte da pureza e morte do instante de glória da carne; morte do amor e morte da poesia; morte da alma e morte do corpo; morte da esperança e morte de Deus; de todos os modos, a mesma obsessão acompanhando-lhe os passos e devorando as coisas em que toca, enquanto não chega o momento decisivo em que sente que será ele próprio a ambição suprema, o último anseio da Morte.

Contra a escravidão, tenta reagir. Fugindo ao destino, busca escapar. Precisando viver, subtrair-se a esse peso que pouco a pouco o vai esmagando, sentindo-se mesmo subitamente chamado para "a grande festa iluminada" e começando a ter "sede de grandes claridades", procura nascer ou renascer para a vida tranquila dos prazeres sem memória e sem dor, pois já compreendeu que lhe é necessário "adormecer na lembrança boa antes que as mãos desconhecidas o arrebatem", antes, portanto, que a morte venha ou que ela não seja mais do que "o cansaço da caminhada pela areia". Por isso, precisa entregar-se imediatamente à vida. Por isso, exclama, triunfante:

> Deixa que o cheiro das rosas penetre no teu quarto
> Abre a janela. A noite é fresca e abençoada.

É inutilmente, porém, que tenta reagir, libertar-se. Com o passar dos dias, vai mesmo perdendo o contato com essas esperanças vãs, vaníssimas, que subitamente o transportaram para um outro mundo, totalmente diferente do real. Olhando então para dentro de si mesmo, compreende seu verdadeiro estado, e, através dele, o mundo real, verdadeiramente real, que o rodeia e que adere, agora, plenamente à sua vida e aos seus sentimentos. Prisioneiro da imobilidade e escravo do movimento, "Incriado de Deus" que não consegue se libertar nem do presente nem do passado, desgraçado "que não pode fugir à carne e à memória", ele é bem, ainda, e sempre, o mesmo "destinado do sofrimento" dos cantos anteriores. Apenas, agora, é um ser eleito que compreendeu melhor (porque viveu tudo no mais íntimo do seu sangue) o peso da escolha que recaiu sobre ele — sobre ele, o poeta, o escravo, o "cheio de chagas", o maldito —, sobre ele que sentiu mais profundamente do que ninguém todo o sofrimento que acompanha a visão de beleza de todo poeta, ele que exclama do fundo de sua dor imóvel:

No meu ser todas as agitações se anulam — nada permanece
[para a vida
Só eu permaneço parado dentro do tempo passado, passando,
[passando...

Passando... E é então que *passam* diante dos seus olhos as grandes visões que explicam o sofrimento que o mundo se tornou para ele. Tudo agora é símbolo, tudo lhe fala por imagens. Se olha para as nuvens que se esgarçam no céu, é o drama da pureza devorada que vê. Se fixa a queda-d'água, cuja imponência o entusiasma, é o corpo indomável da mulher que lhe aparece diante dos olhos. Se sente o cheiro dos ciprestes, é o drama da morte que se apossa de sua imaginação. Imagens, sempre imagens, eternas imagens que abarcam tudo o que existe. Uma série de grandes dramas, e como que o envolvendo sempre, e todas as coisas que vêm a ele ou que a ele vão, falando-lhe permanente, incansavelmente, desses mesmos dramas: drama da impossível pureza, drama do impossível amor, drama da maldição do poeta, drama da ausência de

Deus, drama do horror da morte. Grandes, sublimes visões o cercam, e ele, agora, não mais pode tirar os olhos dela. Tal o seu destino. Tal o abismo a que chegou.

Impossível a pureza, bem o sabe. E não adianta lutar, também não o ignora, pois seus olhos "cegaram nas luzes da cidade". Igualmente, seu sangue "ficou branco ao contato da carne indesejada". No mundo onde estranhos fados o aprisionaram, dominam os "Cavaleiros Úrias". E é sob o jugo deles que vive, dessa terrível legião que representa sua maior angústia, a visão mais nítida e mais apavorante que tem, seu contato mais prolongado com o universo fantástico que reproduz e simboliza o mundo em que existe. São eles "os prisioneiros da Lua", aqueles que, com o bater da meia-noite, surgem

Uns após outros, beirando os grotões enluarados sobre cavalos
[lívidos,

apavorando o abutre e a hiena e os camponeses tranquilos que dormem e ouvem os "uivos tétricos e distantes" desses enlouquecidos "que pingam sangue das partes amaldiçoadas". São, enfim, os que rompem os sonos calmos e tornam impossível a pureza do mundo "abrindo os olhos inexperientes e inquietos" dos que ainda não conhecem o mal.

Como a impossível pureza, existe, também, o impossível amor, talvez o drama mais sério de todos os que informam o destino do poeta de *Forma e exegese*. E o drama que o persegue desde a infância longínqua, desde o dia inesquecível em que afastou de si aquela que era "a contemplação das tardes longas" pela de "seios bonitos" que era "o beijo ardente sobre a areia úmida", até o momento em que encontrou Alba e com ela veio, pela "tarde roxa", olhando os lírios, "altos e puros", logo manchados pela "rosa cor de sangue", a terrível rosa que destruiu o amor nascente — a rosa que destrói todos os amores nascentes.

Prisioneiro do mundo, sem nada poder fazer para vencer os obstáculos que sente barrando qualquer dos caminhos que, em determinados momentos, lhe parecem representar a salvação, o poeta, incapacitado de amar, ouve, no entanto, a "voz maravilhosa" do mundo, ouve seus cantos de beleza e sente que todos eles lhe falam de suas caminhadas e sofrimentos sem fim. Então, fiel à sua vocação, espera. O quê, realmente, ele próprio não o sabe dizer. Mas é como se qualquer coisa, ao longe, lhe murmurasse confusamente um nome que não consegue distinguir, um nome para o qual seu coração ainda não está preparado, mas um nome que como já pressente e, em segredo, acalenta, um nome que não tardará muito a se desenhar sob sua pena apaixonada: o nome de Ariana, a mulher.

ARIANA, A MULHER

Para os que conheciam a ordem cronológica dos poemas de *Forma e exegese*, havia, suspenso sobre a cabeça do poeta, um sério perigo. Os últimos versos compostos revelavam-no numa forma mais ou menos inequívoca. Nada que atingisse a grandeza do poeta, nada que diminuísse o valor da obra ou mesmo desses poemas (contando, muitos deles, entre os melhores do volume). Apenas isso: sobre o futuro, uma leve sombra pairava...

Não muito facilmente formulável, esse perigo, no entanto, podia ser sintetizado nesta ideia: o poeta (seduzido pelas alturas, pelas sublimidades da forma hermética) afastar-se do humano, encaminhar-se para um mundo de essências, cortando suas raízes com a terra e os sentimentos humanos. Ou, em equivalentes aproximados, largar a veia de Baudelaire, passar vertiginosamente por Rimbaud, em direção a Mallarmé, e perder-se definitivamente em hermetismos surrealistas.

Realmente, em vários dos poemas de *Forma e exegese*, o poeta se lançava em busca da música, perdia-se em mistérios onde o leitor muitas vezes só penetrava com dificuldade, procurando, ou dizendo procurar, fugir de si mesmo, do homem que trazia em si. E terminava sonhando "a poesia dos gestos fisionômicos de um anjo". O próprio título do livro que então anunciava em preparo, "A face do Anjo", não era de natureza a desfazer nenhum desses receios. Evidentemente, uma certa sombra ameaçava o futuro do poeta.

Ora, contra todas essas possíveis tentações de temor, foi o mais puro e legítimo grito do humano, do integralmente humano, que *Ariana, a mulher* veio trazer. Como uma reafirmação das qualidades fundamentais do poeta e de sua poesia, como uma garantia de que jamais as atrações etéreas dos céus mortos poderiam ser bastante fortes para separá-lo da terra e de suas emoções básicas, *Ariana, a mulher* trouxe a prova de que o poeta de "A que há de vir" e de "A Legião dos Úrias" não se tinha deixado dominar por nenhum hermetismo morto, pela esterilidade de nenhum essencialismo puro, por nenhum anti-humanismo de mármore. Pois foi na própria busca da essência (e na própria luta por atingir a música irrevelada do mundo) que ele enfim descobriu e logo a consagrou,

A que é a lepra e a saúde, o pó e o trigo, a poesia e a vaca magra
Ariana, a mulher — a mãe, a filha, a esposa, a noiva,
[a bem-amada!,

como o resultado de uma longa e dolorosa luta através de todos os enganos e de todas as pequenas mortes, através das loucas peregrinações pela "Cidade de Ouro" e pelas ilusões da terra povoada de imposturas, pois

[...] A mim me morreu a alma mais do que o filho
[e me assaltou a indiferença mais do que a lepra
A mim se fez pó a carne mais do que o trigo e se sufocou
[a poesia mais do que a vaca magra
Mas é preciso! para que surja a Exaltada, a branca
[e sereníssima Ariana.

Nessa descoberta de Ariana, rica de uma beleza poética

talvez ainda inigualada nos poemas anteriores, como que se fecha um ciclo da obra de Vinicius de Moraes:

> E o sono da Amada me desceu aos olhos e eles cerraram
> [a visão de Ariana
> E o meu coração pôs-se a bater pausadamente doze vezes
> [o sinal cabalístico de Ariana...

Tudo o que ficou para trás, todos os pesadelos que "O bergantim da aurora" ou "A Legião dos Úrias" arrastavam consigo, como que desapareceram ante a invocação da "Ariana, a mulher — a mãe, a filha, a esposa, a noiva, a bem-amada". Um novo destino se abriu. Do antigo amaldiçoado, um novo poeta emergiu e, de suas mãos, impuras e em eterno sofrimento, brotaram, já não mais sublimes, mas belíssimas, as *Cinco elegias*.

DUAS CONSTANTES DE *FORMA E EXEGESE**
THIERS MARTINS MOREIRA

Qui que ce soit qui puisse vivre dans les apparences des choses, c'est pour lui une necessité de nature de vivre dans le fait même des choses.
Carlyle

Em princípios de 1935, o sr. Otávio de Faria deu-nos um livro de crítica onde, ao lado de Augusto Frederico Schmidt e num mesmo plano de valor, colocava um poeta pouco conhecido das livrarias e do público e cujo primeiro e único livro até então, *O caminho para a distância*, passará em nossas letras sem rumores. O fato ocasionava certo espanto aos que conheciam a honestidade e a segurança dos juízes daquele crítico e o lugar que, na poesia modernista, vinha ocupando entre nós o poeta do *Navio perdido*. Via-se que numa obra exaustiva e funda de crítica poética, como até então não se fizera nas letras nacionais, o maior crítico da geração ombreava um desbravador de altos caminhos, sagrado entre os maiores das musas modernistas, com um estreante, cujo primeiro livro era apenas o prenúncio de grandes obras futuras.

Quando, portanto, em 1935, o sr. Vinicius de Moraes apareceu com *Forma e exegese*, e a Sociedade Felipe d'Oliveira reconheceu no livro o melhor desse ano, o que se veio a ter foi a confirmação de uma crítica a que poderíamos chamar de antecipada, que, na base de poesias esparsas e do livro anterior, prejulgara uma das maiores encarnações poéticas de nosso modernismo. O sr. Vinicius de Moraes vinha responder ao crítico, dar-lhe uma satisfação pública, apresentar títulos que o justificassem diante de todas aquelas quase quinhentas

*Publicado em *O Jornal*, 23 de agosto de 1936.

páginas dos *Dois poetas* que lhe conquistaram uma invejável posição na galeria dos "modernos".

E, na verdade, *Forma e exegese* (estranho e magnífico nome para a compreensão de sua poesia) é um livro de grandes temas poéticos. É mesmo um dos mais ricos livros que nos deu a poesia modernista. Em todos os poemas há uma tal abundância de beleza poética, um esbanjamento de riquezas poéticas, um cair sobre nós de imagens poéticas, multiplicando emoções, cruzando sentimentos, sacudindo ideias até então indespertas, que o que nos fica da primeira leitura do livro é uma sensação de afogamento numa atmosfera incrível e misteriosa de estranhos mundos de poesia.

Essa riqueza, porém, nada diz de nosso velho lirismo erótico e sentimental, nem espalha ditirambos à luz tropical de nossas paisagens. O que logo nos fere, quando se consegue sair do primeiro caos de emoções em que o livro nos deixou, é isso de não haver poesia senão de temas profundos, que anda revolvendo realidades escondidas do mundo. E onde surge, sobretudo — numa linguagem meio esotérica de iniciados —, a poesia do homem, do trágico humano, das misérias da terra, dos gritos do seu pecado, de uma consciência indecisa e fugaz sobre os castigos vindos dos erros da carne. Poesia de dramáticos chamamentos do sexo e horrorosos apelos do espírito para não ouvi-los. Poesia onde a realidade surge em labaredas que se fazem e refazem, em formas que a todos os instantes se criam e recriam, e através das quais se adivinham, antes, que se veem outros mundos fugitivos de belezas suprarreais.

O que o poeta quer, vê-se bem (será propósito de técnica super-realista?), é tomar do mundo a beleza que dorme na intimidade das coisas, ir até as raízes mais secretas de suas origens, surpreendê-la como que em estado de pureza absoluta, onde viva acima do contingente, no calmo céu de sua realidade metafísica. Por isso, uma das grandes constantes que vivem em todo o livro, marcando uma linha central de sensibilidade poética do autor e dando os melhores elementos à compreensão da maioria dos poemas, é a vontade, manifesta ou não, de tomar somente para seus poemas uma "poesia eterna". Sente-se logo que o sr. Vinicius de Moraes não quer ver o homem de hoje, o homem da rua, o homem de agora, deste instante, deste sol, mas a beleza que está no "homem", no "mundo", nos "instantes", nas "paixões". Se o destino do poeta é "fugir sempre ao homem que ele traz em si", todo o livro bem o explica que o sentido desta fuga está na obtenção da "poesia eterna". Outros poetas, velhos clássicos, torturados românticos, épicos de grandes destinos, a têm atingido e desejado mesmo inconscientemente. Em *Forma e exegese*, porém, é propósito consciente de que a poesia marque sobretudo essa fuga. Dentro de outros traços constantes da obra do sr. Vinicius de Moraes, que assinalam círculos maiores ou menores de sua arte, esse sobreleva-se aos demais, dá mesmo uma das cores mais próprias à sua poesia. Tem-se a impressão de que esse entendimento da arte poética vive tão intimamente no autor que fora dele lhe seria impossível fazer nascer os maiores momentos de sua inspiração.

No "O outro", quando o poeta consegue esmagar aquele que lhe "mata a serenidade", e cujas

    úlceras doem numa carne que não é a dele,

é para ficar

    parado diante da beleza, agasalhando os príncipes
    [e os monges, na contemplação da poesia eterna.

Na "Última parábola", no momento em que o poeta caminha para a cruz que está no céu, é uma estrela que vem fecundar seus olhos de poesia eterna:

> Eu chorei e caminhei para a grande cruz pousada no céu
> Mas a escuridão veio e — ai de mim! — a primeira estrela
> [fecundou os meus olhos de poesia terrena!...

E naquela "Lenda da maldição" que renova, como todo o livro, o tema dos poetas malditos, também aí:

> A criança lembrou-se da noite cheia de entranhas e cujo riso
> [era a poesia eterna.

No fim do livro, quando o poeta nos quer definir a poesia, é o poeta, "parte no eterno renovamento", que nos diz numa frase que lembra ascetas contemplativos:

> Eu sonho a poesia dos gestos fisionômicos de um anjo!

Essa ideia e essa vontade de que a poesia seja a grande poesia se associam em todo o volume à ideia de que o poeta traz a ressonância de todas as idades, lembranças de todas as raízes, memória infinita e eterna de todos os mundos e de todas as origens. Espectador dos primeiros instantes, convidado ao espetáculo de todas as criações, vem daqui a sua faculdade de compreender as essências e dar ao poema a beleza que dorme na intimidade escondida das coisas.

Nas "Variações sobre o tema da essência", que é o poema da inspiração, que nos dá a alma crescendo para o poema que vem surgindo até que se desencante "à sombra de Deus", não falta esta confissão:

> Só desejei a essência,

nem este momento bíblico de criação:

> Tudo era o instante original.

Nem na "Aparição do poeta"[1] falta o orgulho desta convicção:

[...] Éramos a primeira manifestação da divindade.

E, no "O Incriado", avulta esta imagem, das maiores para a compreensão do poeta, e que nos dá a ideia de rumores de longos mares guardados em velhas arcas de barcos místicos:

Eu sou como o velho barco que guarda no seu bojo o eterno
[ruído do mar batendo.

Na "Aparição do poeta",[2] que é o poema do poeta, como "Variações sobre o tema da essência" o é da inspiração, grita esta outra confissão:

Foi muito antes dos pássaros — apenas rolavam na esfera
[os cantos de Deus
E apenas a sua sombra imensa cruzava o ar como um farol
[alucinado...
Existíamos já... No caos de Deus girávamos como o pó
[prisioneiro da vertigem.

E pouco adiante, no mesmo poema, enquanto o eterno vai criando o amor, a morte, o tempo, o sofrimento, a ordem dos seres, o poeta percorre

[...] como estranhas larvas a forma patética dos astros
A tudo assistindo e tudo ouvindo e tudo guardando
[eternamente.

---

1 O autor cita o subtítulo do poema "Os malditos". (N.E.)
2 Idem.

Nesse citado poema de inspiração, ao lado do processo interior de criação da poesia, o que nos interessa sobretudo na confirmação da constante que vimos acentuando, é a afirmação do desencantamento. Ora, desencantar é tirar as coisas das formas que escondem sua realidade. Fazer reviver a forma primitiva, o que se escondia no encantamento. Se criar poesia é desencantar, é também usar de forças mágicas para essa criação, de que só é capaz o mesmo poeta, mago e armado de sua beleza, pelo destino servindo à divindade e pelas origens íntimo de seus pensamentos. É a ideia que se desdobra deste fim de poema:

> Eu me levantei — nos meus dedos os sentidos vivendo,
> [na minha mão um objeto como uma lâmina
> E às cegas eu feri o papel como o seio, enquanto o meu olhar
> [hauria o seio como o lírio.

O poema desencantado nascia das sombras de Deus...

Não sei, na poesia, de quem tenha querido dar tão firmemente essa origem à sua arte e por ela explicar a maneira de ser de seus poemas. E esse é o pensamento que vem do *O caminho para a distância*, onde já a alma do poeta "é uma parcela do infinito distante", e se encontra presa "eternamente pelos extremos intangíveis", e continua agora até em epígrafes, como esta de Baudelaire:

> *J'ai plus de souvenirs que si j'avais mille ans.*

Seja como se interrogou, técnica suprarrealista, seja centelha que traz no espírito para desejá-la, seja disciplina de sensibilidade para atingi-la, o que é fato é que o autor o que quer é fazer uma poesia que se desenrole nos planos altos das causas primeiras, superior à miséria do tempo, existindo um mundo de formas fugidias e rápidas, mas guardando a "matéria" da beleza, da grande beleza que vive à sombra de Deus, que permite desencantar os poemas.

Penso que *Forma e exegese* é sobretudo essa poesia. Quando destaco do livro essas duas "constantes" que dão a mais clara inteligência aos seus poemas, é porque justamente vejo nelas o quadro mais seguro da compreensão do autor. Assim creio. O sentido real da obra do sr. Vinicius de Moraes está naquele período de Carlyle. (Apedrejar-me-ão por citá-lo?) É para o autor de *Forma e exegese* uma necessidade viver na intimidade mesma das coisas. E isso prova, realmente, que se trata de um poeta de grande fibra, dos que trazem a marca dos altos destinos.

Não cremos, apesar de certas dúvidas, que ele tenha querido filiar-se a quaisquer correntes modernistas. Uma poesia próxima do estado de sonho, que lembra a linguagem simbólica dos autistas, certo hermetismo em muitas composições, um modo de tomar a realidade em pedaços, como se esfarrapando à nossa compreensão, provém, no autor, menos de um propósito de técnica modernista, de um modo suprarrealista de "desencantar" a poesia do que, propriamente, da necessidade de colar sua forma poética muito perto da ideia poética que quer expressar, numa espécie de decalque do processo verbal ao processo imaginativo de sua poesia.

Os poetas que enchem as epígrafes, velho satanismo de Baudelaire, proclamada visão de Rimbaud, mística católica de Claudel, neossimbolismo de Valéry,[3] indicam menos uma filiação do que um simples parentesco de métodos de alma para a descoberta da beleza da poesia. E, ao citá-los, convém que se afirme não temo de achar que o sr. Vinicius de Moraes está muito bem em tal alta companhia. Possui, como aqueles, esse tom do divino que Platão encontra na poesia e que somente distingue de qualquer outro conhecimento o conheci-

---

3 Não há epígrafe de Valéry. Talvez o autor quisesse se referir ao simbolismo de Mallarmé. (N.E.)

mento poético. Essa faculdade de estar em contato com Deus, de ver de dentro dele a ele mesmo, ao divino e ao mundo.

Aliás, quem sabe da natureza do poeta? Não será mesmo que a sua origem provém daquele estranho épico tropismo das estrelas pelos ventres nus das amadas nos longos campos noturnos? Pois assim penso, só quem um dia viveu

[...] o inconsciente das idades nos braços palpitantes
[dos ciclones

pode ter, como o sr. Vinicius de Moraes, essa força de alma, luz de olhos, veludo de sentidos para buscar nas "essências" a beleza da "poesia eterna" e dos segredos das origens que prodigamente nos dá em *Forma e exegese*.

CRONOLOGIA

1913 Nasce Vinicius de Moraes, em 19 de outubro, no bairro da Gávea, Rio de Janeiro, filho de Lydia Cruz de Moraes e Clodoaldo Pereira da Silva Moraes.

1916 A família muda-se para Botafogo, e Vinicius passa a residir com os avós paternos.

1922 Seus pais e os irmãos transferem-se para a ilha do Governador, onde Vinicius constantemente passa suas férias.

1924 Inicia o curso secundário no Colégio Santo Inácio, em Botafogo.

1928 Compõe, com Haroldo e Paulo Tapajós, respectivamente, os foxes "Loura ou morena" e "Canção da noite", gravados pelos Irmãos Tapajós em 1932.

1929 Bacharela-se em letras, no Santo Inácio. Sua família muda-se para a casa contígua àquela onde nasceu o poeta, na rua Lopes Quintas.

1930 Entra para a Faculdade de Direito da rua do Catete.

1933 Forma-se em direito e termina o Curso de Oficial de Reserva. Estimulado por Otávio de Faria, publica seu primeiro livro, *O caminho para a distância*, na Schmidt Editora.

1935 Publica *Forma e exegese*, com o qual ganha o Prêmio Felipe d'Oliveira.

1936 Publica, em separata, o poema *Ariana, a mulher*.

1938 Publica *Novos poemas*. É agraciado com a bolsa do Conselho Britânico para estudar língua e literatura inglesas na Universidade de Oxford (Magdalen College), para onde parte em agosto do mesmo ano. Trabalha como assistente do programa brasileiro da BBC.

1939 Casa-se, por procuração, com Beatriz Azevedo de Mello. Regressa da Inglaterra em fins do mesmo ano, devido à eclosão da Segunda Grande Guerra.

1940 Nasce sua primeira filha, Susana. Passa longa temporada em São Paulo.

1941 Começa a escrever críticas de cinema para o jornal *A Manhã* e colabora no "Suplemento Literário".

1942 Nasce seu filho, Pedro. Faz uma extensa viagem ao Nordeste do Brasil acompanhando o escritor americano Waldo Frank.

1943 Publica *Cinco elegias*. Ingressa, por concurso, na carreira diplomática.

1944 Dirige o "Suplemento Literário" d'*O Jornal*.

1946 Parte para Los Angeles, como vice-cônsul, em seu primeiro posto diplomático. Publica *Poemas, sonetos e baladas* (372 exemplares, com ilustrações de Carlos Leão).

1947 Estuda cinema com Orson Welles e Gregg Toland. Lança, com Alex Viany, a revista *Filme*.

1949 Publica *Pátria minha* (tiragem de cinquenta exemplares, em prensa manual, por João Cabral de Melo Neto, em Barcelona).

1950 Morre seu pai. Retorna ao Brasil.

1951 Casa-se com Lila Bôscoli. Colabora no jornal *Última Hora* como cronista diário e, posteriormente, como crítico de cinema.

1953 Nasce sua filha Georgiana. Colabora no tabloide semanário "Flan", de *Última Hora*. Edição francesa das *Cinq élégies*, nas edições Seghers. Escreve crônicas diárias para o jornal *A Vanguarda*. Segue para Paris como segundo-secretário da embaixada brasileira.

1954 Publica *Antologia poética*. A revista *Anhembi* edita sua peça *Orfeu da Conceição*, premiada no concurso de teatro do IV Centenário da cidade de São Paulo.

1955 Compõe, em Paris, uma série de canções de câmara com o maestro Claudio Santoro. Trabalha, para o produtor Sasha Gordine, no roteiro do filme *Orfeu negro*.

1956 Volta ao Brasil em gozo de licença-prêmio. Nasce

sua terceira filha, Luciana. Colabora no quinzenário *Para Todos*. Trabalha na produção do filme *Orfeu negro*. Conhece Antonio Carlos Jobim e convida-o para fazer a música de *Orfeu da Conceição*, musical que estreia no Teatro Municipal do Rio de Janeiro. Retorna, no fim do ano, a seu posto diplomático em Paris.

1957 É transferido da embaixada em Paris para a delegação do Brasil junto à Unesco. No fim do ano é removido para Montevidéu, regressando, em trânsito, ao Brasil. Publica *Livro de sonetos*.

1958 Parte para Montevidéu. Casa-se com Maria Lúcia Proença. Sai o LP *Canção do amor demais*, de Elizete Cardoso, com músicas suas em parceria com Tom Jobim.

1959 Publica *Novos poemas II*. *Orfeu negro* ganha a Palme d'Or do Festival de Cannes e o Oscar de Melhor Filme Estrangeiro.

1960 Retorna à Secretaria do Estado das Relações Exteriores. Segunda edição (revista e aumentada) de *Antologia poética*. Edição popular da peça *Orfeu da Conceição*. É lançado *Recette de femme et autres poèmes*, tradução de Jean-Georges Rueff, pelas edições Seghers.

1961 Começa a compor com Carlos Lyra e Pixinguinha. É publicada *Orfeu negro*, com tradução italiana de P. A. Jannini, pela Nuova Academia Editrice.

1962 Começa a compor com Baden Powell. Compõe, com Carlos Lyra, as canções do musical *Pobre menina rica*. Em agosto, faz show com Tom Jobim e João Gilberto na boate Au Bon Gourmet. Na mesma boate, apresenta o espetáculo *Pobre menina rica*, com Carlos Lyra e Nara Leão. Compõe com Ari Barroso. Publica *Para viver um grande amor*, livro de crônicas e poemas. Grava, como cantor, disco com a atriz e cantora Odete Lara.

1963 Começa a compor com Edu Lobo. Casa-se com Nelita Abreu Rocha e parte para um posto em Paris, na delegação do Brasil junto à Unesco.

1964 Regressa de Paris e colabora com crônicas semanais para a revista *Fatos e Fotos*, assinando, paralelamente, crônicas sobre música popular para o *Diário Carioca*. Começa a compor com Francis Hime. Faz show (transformado em LP) com Dorival Caymmi e o Quarteto em Cy na boate carioca Zum-Zum.

1965 Publica a peça *Cordélia e o peregrino*, em edição do Serviço de Documentação do Ministério da Educação e Cultura. Ganha o primeiro e o segundo lugares do I Festival de Música Popular Brasileira da TV Excelsior de São Paulo, com "Arrastão" (parceria com Edu Lobo) e "Valsa do amor que não vem" (parceria com Baden Powell). Trabalha com o diretor Leon Hirszman no roteiro do filme *Garota de Ipanema*. Volta à apresentação com Caymmi, na boate Zum-Zum.

1966 São feitos documentários sobre o poeta pelas televisões americana, alemã, italiana e francesa, os dois últimos realizados pelos diretores Gianni Amico e Pierre Kast.

Publica *Para uma menina com uma flor*. Faz parte do júri do Festival de Cannes.

1967 Publica a segunda edição (aumentada) do *Livro de sonetos*. Estreia o filme *Garota de Ipanema*.

1968 Falece sua mãe, em 25 de fevereiro. Publica *Obra poética*, organizada por Afrânio Coutinho, pela Companhia Aguilar Editora.

1969 É exonerado do Itamaraty. Casa-se com Cristina Gurjão.

1970 Casa-se com Gesse Gessy. Nasce sua filha Maria Gurjão. Início de sua parceria com Toquinho.

1971 Muda-se para a Bahia. Viaja para a Itália.

1972 Retorna à Itália com Toquinho, onde gravam o LP *Per vivere un grande amore*.

1975 Excursiona pela Europa. Grava, com Toquinho, dois discos na Itália.

1976 Casa-se com Marta Rodrigues Santamaria.

1977 Grava LP em Paris, com Toquinho. Show com Tom, Toquinho e Miúcha, no Canecão.

1978 Excursiona pela Europa com Toquinho. Casa-se com Gilda de Queirós Mattoso.

1980 Morre, na manhã de 9 de julho, em sua casa, na Gávea.

CRÉDITOS DAS IMAGENS

Todos os esforços foram feitos para determinar a origem das imagens deste livro. Nem sempre isso foi possível. Teremos prazer em creditar as fontes, caso se manifestem.

1. Acervo Arquivo — Museu de Literatura Brasileira, da Fundação Casa de Rui Barbosa.
2. DR/ VM.
3. Acervo Arquivo — Museu de Literatura Brasileira, da Fundação Casa de Rui Barbosa.
4/5. Anônimo/ Coleção Gilberto Ferrez/ Acervo Instituto Moreira Salles
6. Acervo Arquivo — Museu de Literatura Brasileira, da Fundação Casa de Rui Barbosa.
7. Acervo Arquivo — Museu de Literatura Brasileira, da Fundação Casa de Rui Barbosa.
8/9. Thomaz Farkas/ Acervo Instituto Moreira Salles.
10. Acervo Arquivo — Museu de Literatura Brasileira, da Fundação Casa de Rui Barbosa.
11. Acervo Arquivo — Museu de Literatura Brasileira, da Fundação Casa de Rui Barbosa.
12. Photoresearchers/ LatinStock © Hulton-Deutsch Collection/ Corbis (DC)/ LatinStock © Stefano Bianchetti/ Corbis (DC)/ LatinStock Album/ Akg-Images/ LatinStock © Hulton-Deutsch Collection/ Corbis (DC)/ Latinstock
13. © Bettmann/ Corbis (DC)/ LatinStock Courtesy Everett Collection/ Everett/ LatinStock Rue des Archives/ Collection Bourgeron/ Other Images Herbert List/ Magnum Photos/ LatinStock
14. Acervo Arquivo — Museu de Literatura Brasileira, da Fundação Casa de Rui Barbosa.
15. Acervo Arquivo — Museu de Literatura Brasileira, da Fundação Casa de Rui Barbosa.
16. Herbert List/ Magnum Photos/ LatinStock

ESTA OBRA FOI COMPOSTA EM
FAIRFIELD POR ALICE VIGGIANI
E IMPRESSA EM OFSETE
PELA RR DONNELLEY SOBRE
PAPEL PÓLEN BOLD DA
SUZANO PAPEL E CELULOSE
PARA A EDITORA SCHWARCZ
EM JULHO DE 2011